Ark Kitapları: 203

Yazarın Adı: Mehmet Gözükara

Kitabın Adı: İkrar

Son Okuma: Ramazan Avcı

İç Düzen: Tayyib Atmaca

Kapak Tasarım: Âdem Konan

ISBN: 978-625-6631-13-7

Baskı ve Cilt: Akpınar Huzur Yay. Dağ. Paz. Tic. Ltd. Şti.
Matbaa: Davutpaşa Mah. Güven İş Sit.
C Blok No: 224 Topkapı/İSTANBUL
Sertifika No: 44713

1. Baskı

ARK Kitapları,
ÖZGÜ Yayıncılık Reklam ve Tanıtım Hizmetleri
San. Ti. Ltd. Şti.'nin bir ürünüdür.
Yayıncı Sertifika No: 47256
Özgü Yayıncılık ve Tanatım Hizmetleri LTD. Şti.
Yerebatan Cad. Salkım Sögüt Sok. No: 4 Kat:3, Cağaloğlu/İstanbul
Tel.: 0212 511 75 52
info@arkkitap.com - www.arkkitap.com

Takriz

Mehmet Gözükara, memleketimin yüreği göğsüne sığmayan şairlerinden biri. "Biri" diyorum, çünkü Elbistan ve havalisi şairler yatağıdır. Genetik bir miras olsa gerek. Ulu Türkistan'dan Anadolu'ya gelen atalarımızın her halde şair olanları gelip burayı yurt bellemişler. Yahut da suyundandır, yelindendir.

Tabii ki şairlik ruh işidir. Derdiçoklar'ın, Hayati Vasfilerin, Abdurrahim ve dahi Bahaettin Karakoçlar'ın gelip geçtiği bu coğrafyada, bir ruh göçünden (tenasüh) bahsetmek mümkün olmadığı için, sözü ister istemez ruh terbiyesine getireceğim. Burada, adı geçen şairlerin sahip olduğu ruh terbiyesi (zevk terbiyesi ya da estetik terbiye de diyebiliriz) takipçilerine sirayet ediyor belli ki. Bir maya çalınıyor böylece. Mayanın tutması için de elbette sahih bir ruha, gönle ihtiyaç vardır. Türlü izahların yapılmasına müsait bir şiir var ortada. Fakat hiçbiri mutlak izah değildir, bir yorumdan ibarettir.

Mehmet Gözükara, seleflerinin ruh terbiyesini devralmış bir şairdir. Israrla geleneksel şiiri sürdürmeye gayret ediyor. Bu bir inat olarak da anlaşılabilir. Onun şiirindeki sevda eski zaman sevdalarından bir sevdadır. Âşık, maşuka gönlünü eski zamanların tezliğiyle kaptırır. Bir görüşte aşktan bahsediyorum. Maşukun zülüfleri âşığın gönlüne tuzaktır, kaşları yay, kirpikleri oktur ve hedefte şairin gönlü vardır. Gözükara'nın şiirlerinde kavuşmak yoktur. Âşık ile maşuk buluşsalardı eğer, nerede buluşurlardı diye merak ediyorum. Çağımızın âşıkları(!) gibi barlarda filan değildir elbette. Gözüküra'nın bu tutumunu geleneği yaşatmak çabası olarak yorumlamak hatta bunun bir direniş olduğunu söylemek mümkündür. Başka bir açıdan bakılırsa, şairin benliğini eskilerin benliğinde yok ettiği de söylenebilir. Tekrara düşmekle de suçlanabilir. Tevarüsten, temellükten de bahsedilebilir. Arayıştan, buluştan da... Bütün bunların her biri için ayrı ayrı yeterli veri var onun şiirlerinde. Her ne söylenirse söylensin, ortada takdire değer bir çaba var. Memleketin garip bir coğrafyasında kendi derdini, kendi derdi bilerek herkesin derdini terennüm eden bir şairden söz ediyorum. Zira Gözükara'nın şiirlerindeki aşk da dert de öznel değildir. Onlar da tevarüs edilmiş aşklardır, dertlerdir.

Aslolan şiir söylemektir. Tevarüs edilen dertler de aşklar da söz söylemeye vesiledir. Çünkü yukarıda sözünü ettiğim terbiye, ruhun yükselişinin söz ile olacağını bilmektedir. Bu aslında tasavvufi bir şiardır. Dolayısıyla ortada bitmeyen bir eskiz, hadi yenilerin diliyle söyleyelim, bitmeyen bir antrenman vardır. Bu yüzden onun şiirinde bireyselmiş gibi gözüken aşkların bile bir yerinde tasavvufi remizler devreye girer. Çünkü zaten devredilen kültürün bünyesinde cismani aşk yoktur. Daha doğrusu aşk, cismani bir şey değildir.

Gözükara'nın şiirleri gelenek denen ırmağın yatağında akıp dururken hiç mi yatağın dışını yoklamaz, ya da yataktan taşmayı denemez? "Bireysellik" dedikleri şey gündeme geliyor böyle bir sorunun ardından kaçınılmaz olarak. Terennüm edilen aşkın, ya da hasretin neresinde bireysellik başlıyor, neresinde bitiyor ayrı bir mesele. Ama onun şiirlerinde eskilerin tabiriyle ter ü taze mısralara, buluşlara sık sık rastlamak mümkün. Bunlar yatağına isyan etmeden taşmak arzusudur. Belki de yatağı genişletmek... Bunlardan birkaç örnek vermek istiyorum.

Hasret eritir demiri
Ateş kül eder kömürü
Her gün bir kerpiç ömürü
Söke söke gidiyorum

Temmuz üşütse bedenin
Kalır mı güne güvenin
Yüreği tandır sevenin
Yaka yaka gidiyorum

Elma şeftaliyle kurmuş oyunu
Sana biriktirmiş üzüm suyunu
Senden ödünç almış fidan boyunu
Yanak kaysı, dudak kiraza bağlı

Gelirim demiştin sene başında
O gün doğan çocuk otuz yaşında
Değirmen çevrilir gözüm yaşında
Taş taşı yiyerek döner sevdiğim

Bunlar, Gözükara'nın ırmağın yatağının dışını yoklama teşebbüsleridir. Fakat çok da yatağından taşan bir su olmak niyeti yoktur şairin. Çünkü şiiri bir iddia meselesi gibi değil, bir iç olgunlaşma, bir iç yolculuğu (içsel yolculuk-deruni seyahat) olarak algılamaktadır. En azından şiiri bana bunu söylüyor. Benim için anlamlı yanı da budur. Belki ta Ulu Türkistan'dan ve binlerce yıl öteden gelen bir sesin tekrarı (ses göçü diye bir şeyden söz etmek gerekiyor sanırım ve bu galiba genetik mirasın bir şubesidir) en az yeni bir ses arayışı kadar anlamlıdır. Ne ki yeni vasıtalarla, yeni enstrümanlarla bunu yapmak gerektiği de aşikâr.

Gözükara'nın şiirlerinin önemli bir vasfı da birçoğunun bestelenmeye uygun oluşudur. Bunu elbette şairin şiirsel müzikaliteden ödün vermeyişiyle izah edebiliriz. Bildiğim kadarıyla bazı şiirleri de bestelenmiştir. Geleneksel şiirimiz zaten musikiden bağımsız düşünülemezdi. Bugün klasik Türk müziği dediğimiz müzik, klasik şiirin yani divan şiirinin müziğidir. Halk müziği de bilindiği gibi halk şiirinin. Çünkü eskiler şiir yazmaz, şiir söylerlerdi. Söylenen bir şeydi şiir. Mehmet Gözükara, bir kalem şairidir. Ama şüphesiz yazmadan önce, yani söz kâğıda düşmeden önce günlük hayatın içinde bu mısralar şairin içinde onlarca kez tekrarlanmış yani söylenmiştir. Belki de en iyisi söylenip yazılan şiirler demeli onun şiirlerine.

Çok şey söylemek mümkün elbette. Ancak bir takriz ya da takdim için söz israfı olur bundan sonrası. Durduğu yer itibariyle, çabası ile, duyuşu ve söyleyişi ile takdiri hak ediyor Mehmet Gözükara.

Doç. Dr. Bahtiyar Aslan

Önsöz

Türk milletine ait ilk bilinen yazılı metinlerin nesir olmasına karşılık sözlü aktarımlarda şiirin toplumun hem her kesiminde hem de her anında yer aldığı bilinmektedir. Dilden dile ve nesilden nesile aktarılan şiir geleneği değişen coğrafya, gelişen kültür ve yeni kazanımlarla şeklen ve içerik olarak daha da zenginleşti. Toplumsal yapının gerek oluşumu ve gerekse gelişiminde şiirin ve şairin önemli bir yer tuttuğu bilinen bir hakikat olmanın ötesinde bir gereklilikti aynı zamanda. Çünkü şairler din adamı, tabip, büyücü, gelecekten haber veren insanlar olarak kabul edilirdi. Doğal olarak da hayatın her anında var olmaları çok tabii bir durumdu.

Şüphesiz ki her toplumun kendi ölçülerine göre bir şiir ve şair tasavvuru vardır. Sosyal ve kültürel gelişimlerine bağlı olarak şiirin varlığını bir şekilde devam ettirmişlerdir. Ancak Türk toplumları için bu durum biraz daha farklı olup şiir şiirden daha öte bir kültür, bir yaşam ifadesidir. Asırlar boyu göçebe bir yaşam sürdürmesi sebebiyle biriktirdiği acılar, hatıralar, hasretler şiiri Türklerin dili haline getirmiştir. Bütün dertlerini, acılarını, hasretlerini, umudunu döktüğü şiire bu değeri biçmeleri şiirin bu değeri hak ediyor olmasındandır.

Destanlar, ağıtlar, koşmalar, maniler vb. dallarıyla geniş bir yelpazeye sahip olan halk şiiri her asırda kendisini geleceğe taşıyacak yeni şairler bulmayı başarmış ve büyük bir müktesebat oluşturmuştur. Şiiri taşıyan güçlü şairler aynı zamanda geliștirerek canlılığını da korumayı bilmişlerdir. Bugün zevkle okuduğumuz, dinlediğimizde bir yaşanmışlığı hissettiren şiirimizin bu zenginliği her millete nasip olmayacak kadar büyüktür.

Halk şiiri dediğimiz bu geleneği saz şairleri ile kalem şairleri sürdürmüşlerdir. Gerek çalınıp söylenen gerekse okunup dinlenen şiirler halkımızın sevdiği ve benimsediği temel şiir anlayışını belirlemiştir. Her ne kadar günümüzde şiir denildiğinde akla daha çok modern şiir geliyor olsa da halk şiirinin genele hitap etmedeki başarısı da yadsınamayacak derecededir. Şiirin ideolojiye feda edildiği 1960-70'li yıllar halk şiirini bir anlamda alan daraltmasıyla kısırlaştırmıştır denilebilir ki bu durum hitap ettiği çevreye göre yazılan ve geçici denebilecek bir şiir akımını da tetiklemiştir. Şiiri, sadece şiir olduğu için yazmak yerine ideolojik bir silahmış gibi kullanmak belki o dönem için bir anlam ifade edebiliyor olsa da günümüzde büyük çoğunluğu unutulup gitmiştir artık. Bu da şiiri kalıcı olmaktan çıkartıp sloganlaştırmıştır kaçınılmaz olarak.

Halk şiiri adına tartışmamız gereken önemli bir konuya değinmeden geçemeyeceğim. O da halk şiirine getirdikleri yenilikler, işledikleri konular ve dili kullanmadaki ustalıkları sebebiyle öne çıkan şairlerimizin birtakım çevreler tarafından tabulaştırılıp, aşılmaz zannedilir bir durum oluşturulması meselesidir. Ciddi bir şairlik damarına sahip insanların tabiri caizse şiirde kendini geliştirmesinin önüne bir engel olarak çıkartılan bu insanları aşılmaz kaleler, ulaşılmaz yetenekler olarak sunmak şiirin gelişmesini engellemekten başka bir şey değildir. Şiirde daha iyiye ulaşmak o şairlerin değerini düşürmek şöyle dursun tam tersine daha değerli kılacaktır. Çünkü bir şekilde yeni yetişen şairlerin geçmişinde onların şiiri vardır bir şekilde. Ustalık biraz da kendisinden daha iyi bir ustayı yetiştirmek ya da yetişmesini sağlayacak bir ortamı hazırlamak değil midir? Başka türlü şiir kendisini nasıl geliştirecek, yeni zamanlar için yeni söylemleri nasıl oluşturacak?

Elbistan/Afşin yöresinin şiir açısından zengin bir damara sahip olduğu eskiden beri bilinen bir durumdur. Gerçekten güçlü şairlerin yetişmesini sağlayacak sağlam bir şiir zeminine sahip bir bölgedir burası. Okur-yazar oranının çok yüksek olduğu bu yöre günümüzde de şair ve şiir açısından zenginliğini sürdürmektedir. Kültür merkezlerine uzaklığı ve kendi kültür ortamını oluşturamaması bu zenginliği akamete uğratsa da güçlü söyleyişlere sahip şairler yetişmeye devam etmektedir. Usta işi söyleyişlere sahip, şiiri geleceğe taşımaya ehliyetli az sayıda da olsa şairlerin varlığı bu bölgeyi hâlâ önemli şiir merkezlerinden biri kılmaktadır.

Abdurrahim ve Bahattin Karakoçların, Mahzûnî'nin, Hayati Vasfi Taşyürek, Aşık Hacı Yener'in vb. şairlerin yetiştiği bu havzada şiir yazmak oldukça zor bir iş aslına bakarsanız. Karşınıza her an güçlü bir şair çıkartılıp şiiriniz onunkine benzemiş olarak kıymetlendirilebilir. Daha iyisini yazsanız bile sizin birilerini aşmanıza izin verilmek istenmez sanki. Oysaki onlar da iyi olabilmek için birilerini aşmışlardı ve olması gereken de budur zaten.

Mehmet Gözükara uzun yıllardır tanıdığım ve şiirini severek okuduğum bir şairdir. Geleneği devam ettirdiği şiirleri belli bir seviyeyi tutturabilmiş nadir şairlerden birisidir ki aldığı ödüller ve bestelenen şiirleri bunun açık şahitleridir. Aynı zamanda seyahat yazıları, hikâyeler yazan ve şiir, ağıt, halk hikâyeleri derlememesi de yapan Gözükara, halk kültüründeki bilgilerini şiirlerine yansıtmada başarısıyla da halk şairleri arasında mümtaz bir yere sahiptir. Yöresel kültür üzerinde ciddi bir birikime sahip olan Gözükara şiirde hak ettiği yere gelebilmek adına şiirini sürekli geliştiren, yenileyen ve yeni deyişlerden çekinmeyen birisidir. Bu cesareti kendisini şiirde çok daha iyi yerlere taşıyacaktır şüphesiz.

Şairi kalıcı kılan kendi tarzını oluşturmasıdır. Anadolu aynı kelimelerle şiir yazan ve sayısı binlerle ifade edilebilecek sayıda şaire sahiptir. Bu bir küçümseme ifadesi olarak alınmasın lütfen ama bunların içerisinde kaç tanesi halk şiiri adına umut vadedebilir acaba? Yeni söyleyişlere sahip şairlere duyduğumuz ihtiyaç kültür dünyamız adına duyulan bir ihtiyaçtır açıkçası. Dostum Mehmet Gözükara yazdığı son dönem şiirleriyle kendi tarzını oluşturma yönünde emin adımlar atmakta, yeni bir söyleyiş dili yakalama çabası içerisindedir. Bu umut verici çaba her türlü takdiri hak etmesinin yanı sıra şiir adına da önemli bir gelişme olarak değerlendirilmelidir.

Mehmet Gözükara'nın bu yeni söyleyişleriyle kendi şiirini geliştirdiğini görmek halk şiiri adına sevindirici bir durum olmasının yanında yukarda bahsetmeye çalıştığım kısır döngüyü aşmaya da katkı sağlayacaktır.

El-hasıl-ı kelam tebrikler sevgili Gözükara.

Halk şiiri adına söyleyişlerinin devamı dileğiyle...

İsmail Kutlu Özalp

Neler Var

Arşı titretirmiş mazlumun ahı
Ettiğin çekmenin bir sırası var
Dört gözle bekleyen kimse sabahı
Kim bilir ben gibi kaç yarası var

Sevene zevk verir güzelin nazı
Yer tutar gönülde sözü, niyazı
Âşıklar severmiş ilkbahar yazı
Lale, sümbül, nergis, gül deresi var

Tatlı dil, güler yüz, iy'gelir derde
Keremli, Mecnunlu sevdalar nerde
Diyecek olursan bana bak bir de
Canım dediğine can veresi var

Sevgi de mübarek ekmek, su kadar
Sen de sence de sev olduğu kadar
Ondan enginleşir gönül bu kadar
Çiçekli, meyveli, dal göresi var

Her âşık yaşarmış kendi çağını
Ferhat yol eylemiş sevda dağını
Kimseye göstermez ağladığını
Kirpik uçlarında sel deresi var

Var varda, yok yokta gizlenir durur
Denizin dalgası kıyıya vurur
Soğuk dondururken, sıcak kavurur
Rüzgârın karları savurası var

Bir tutamam duymayanı, duyanla
Bari sevmiyorsan seveni anla
Gözükara'm yarış olmaz zamanla
Feleğin cümbüşle tamburası var

Ömrün Son Demi

Ne yaz kaldı ne de bahar
Kışa döndüm gidiyorum
Gözlerim boşluğa bakar
Düşe döndüm gidiyorum

Ses vermedi sese maşuk
Aklı ne'tsin şaşkın âşık
Ucu ucuna dolaşık
İşe döndüm gidiyorum

Dert üst üste sıralanmış
Al yeşili karalanmış
Yuvasında yaralanmış
Kuşa döndüm gidiyorum

Felek çalınca kanadı
Yaram kırk yerden kanadı
Gücünü bende sınadı
Tuşa döndüm gidiyorum

Harmanım savurdu yelle
Her bir dane aktı selle
Tiken tuzak kurdu gülle
Başa döndüm gidiyorum

İçim yara dışım yara
Söz geçmiyor nazlı yâra
Ömür bitti *Gözükara*
Taşa döndüm gidiyorum

Ona Bıraktım

İsmi dilden dile düşmesin diye
Dudak-dil arasın ona bıraktım
Gözyaşı toprağa düşmesin diye
Mendilimi yanağına bıraktım

Âşıklardan sorun çektiklerimi
Yalanım var ise yüzün derimi
Ben bilmem o bilir benim yerimi
Canana verdiğim cana bıraktım

Sarpa düşürünce kader yolları
Yük olur bedene kuru dalları
Gelecek sanıyor geçmiş yılları
Ondan gözyaşını düne bıraktım

Bir acı hatıra elde kalacak
Aklına düştükçe gözü dolacak
Bağ bahçesi paramparça olacak
Bülbülünü gülden yana bıraktım

Sır tutması ne de çetin bir işmiş
Mevsimlere inat iklim değişmiş
Kudretten kadere kara renk düşmüş
Umudu, ağaran güne bıraktım

Daha fazla yazsam sırrım faş olur
Âşıkların gözü kanlı yaş olur
Gözükara'm bir dikili taş olur
Evlada demeyi sona bıraktım

Haberin Var mı?

Ömür mevsiminde güze savrulan
Yaş öldürdü beni haberin var mı?
Ok kirpik üstünde yayca kıvrılan
Kaş öldürdü beni haberin var mı?

Hıçkıra hıçkıra içe çekilen
Gamdan, kasavetten beli bükülen
Gözlerinden yanağına dökülen
Yaş öldürdü beni haberin var mı?

Sevip sevilene selam götüren
Yanık gönüllere umut yetiren
İlkbahar ayında eşin yitiren
Kuş öldürdü beni haberin var mı?

Bir ömür yorulmaz sevgi bölüşen
Hüzün kapısını kapar gülüşen
Senin yüreğinden hisseme düşen
Taş öldürdü beni haberin var mı?

Gönüle bahşetti bütün varını
Topladı bugünü, dünü, yarını
Gamzeden çekerek zülfikârını
Hoş öldürdü beni haberin var mı?

Gözükara'm harlı yanar bu ocak
Topraktan önceki kucak bu kucak
Kalbim çarpıp, üsten vurunca sıcak
Baş öldürdü beni haberin var mı?

Ölürüm

Üç harf tek kelime düştüm bir derde
Çaresini bulamadım ölürüm
Yakınlık aradım mesafelerde
Çaresini bulamadım ölürüm

Harmana dökmeden yaktım ekini
Âşıkların kervan çekmez yükünü
Ona açacaktım gönlümdekini
Çaresini bulamadım ölürüm

Elmalar renk verir yanaklarına
"İsmim değsin" dedim dudaklarına
Ümidimi rehin verdim yarına
Çaresini bulamadım ölürüm

Sürülmez dünyanın devranı demi
Her mevsim ateşe verdi bahçemi
"*Gözükara*'m vaz geç" demek çare mi
Çaresini bulamadım ölürüm

Neredesin Sen?

Ne selam salıyor ne geliyorsun
Ölü bülbül, kuru gülde misin sen?
Kaynayıp, köpürüp, duruluyorsun
Cezvede, fincanda, falda mısın sen?

Gönül konulur mu gönül verene
Beni sana hasret koyan sürüne
Müjde vereceğim seni görene
Gidip gelinmeyen yolda mısın sen?

Yolumu kaybettim, yolun beklerken
Sevmeye geç kaldım, ölmeye erken
Ömrüm uzamıştı, "can suyum" derken
Şekerli, şerbetli, dilde misin sen?

Dağa heybet verir dumanı, sisi
Bülbülün seherde duyulur sesi
Sevenin, sevdiğin gelir göresi
Kaymak da yağ da mı bal da mısın sen?

Her bir çiçek bal saklarken özünde
Hasret olan yaş gizlermiş gözünde
Dudakların kiraz, elma yüzünde
Yaprak arasında dalda mısın sen?

Tatar attan düştü, dağıldı posta
Ben seni beklerim, dermanı hasta
Gözükara'm yazdı selamı dosta
Mektupta, zarfta mı pulda mısın sen?

Yâr Benden Geçti

Başı pare pare yüce dağ idim
Değdi garbiyeli kar elden gitti
Bahçe idim bostan idim bağ idim
Hazana uğradım var elden gitti

Güldür bülbülleri düşüren zara
Gün olur güller de uğrar nazara
İkindi vaktinde vardım pazara
Vakit kısa idi kâr elden gitti

Kanmadı da deli gönül kanmadı
Dilim aşktan gayrı bir şey anmadı
Kim demiş ki döne döne yanmadı
Savruldu küllerim kor elden gitti

Nazar oldu sebep girdi araya
Limanda oturdu gemim karaya
Sırılsıklam âşık *Gözükara*'ya
Bozdu yemini yâr elden gitti.

Hiç Olmazsa

Kaç yıl emek verdim gelmedin ele
Kadere suç atıp ağlamadan git
Gözünden bulanan dönüşür sele
Ak-pak pınar gibi çağlamadan git

Gözyaşını ılgıt ılgıt akıtma
Nedeni, niçini hiç hatırlatma
Sevgi bir anahtar yabana atma
Saçını gönlüme bağlamadan git

Gurbete düşmeden gurbet bilinmez
Kolay gidilir de kolay gelinmez
Sevilenler bir kalemde silinmez
Başına al yeşil bağlamadan git

Gönül kapısının sırlı kilidi
Muhabbet demine düştü eridi
Leylileşen Mecnun çöle yürüdü
Yakıp yüreğimi dağlamadan git

Murat mürüvvettir diyeyim baştan
Güzel ibarettir kirpikten kaştan
Âşık beri olur her türlü suçtan
Boynuma ip atıp yağlamadan git

Bahtım ile aram açık demim yok
Gözükara'm yaram açık em'im yok
Geceleri çıram açık cemim yok
Bari yollarımı bağlamadan git

Kabulleniş

Âşık *Reyhanî'ye rahmetle*

İnkâra gerek yok her şey meydanda
Yaş kemale erdi, çöktüm giderim
Toz duman içinde kaldım bir anda
Harmanı dökmeden yaktım giderim

Öttüm bülbül ile, açtım gül ile
Yağdım yağmur ile, estim yel ile
Yatağımdan taştım, sarı sel ile
Vadiden vadiye aktım giderim

Gün akşama, akşam güne ulandı
Gönül içten, sular dıştan bulandı
Hasret çekenlerin gözü sulandı
Vefası yok imiş baktım giderim

Nazlı yâri virt edindim dilime
Buna rağmen el vermedi elime
Bundan başka bulamadım kelime
Bu oyundan çırak çıktım giderim

Eklesen, çıkarsan bu mevcut durum
Değişmez bir gerçek ben biliyorum
Kanaat dediğin esasta yorum
Duygu duvarını yıktım giderim

Eksilmez heybetli dağların karı
Çiçek çiçek gezer bal yapan arı
Her yere kurulmaz gönül pazarı
Kim ne bilsin neler çektim giderim

Kıyısız, limansız sevda denizi
Suda billurlaşır yağmurun izi
Umrumda sanmayın seyretmenizi
Kimler ne diyordan bıktım giderim

Gönül alınmıyor, gönül vermeden
Gonca gülüm gazel oldu dermeden
Der ki *Gözükara*'m bir gün görmeden
Kervanı kabire çektim giderim

Haklı Çıktılar

Sen çekip gidince böyle bırakıp
Beni gören aklın bozar demişti
Aslı Kerem gibi kendini yakıp
Ya da Mecnun gibi gezer demişti

Vaziyeti şahit garipliğine
Teşhis konulmuyor bu çektiğine
Gözyaşını tek tek âh ipliğine
Kirpik uçlarıyla dizer demişti

Denizin dalgası sahile vurur
Yosunlu kayalar yerinde durur
Kıyı köpük köpük içiyor huzur
Balıklar deryada yüzer demişti

Sevda dedikleri mecnunun işi
Yanmadan yakamaz yakacak kişi
Her şeyden öteye bâde içişi
Leylileşir azar azar demişti

Ömür mevsiminde geçince bahar
Gelmiyor bir daha ölene kadar
Gideni, kalanlar aklında tutar
Yiğide tez değer nazar demişti

Selviye sarılıp uzar sarmaşık
Âşığı bent eder zülfü dolaşık
Güneş çekilirken sararır ışık
Dağlar arkasına sızar demişti

Kış gelince mor sümbüllü dağlara
Lapa lapa kar yağıyor bağlara
Ayak bağı olur hasret sağlara
Hüzün boy vererek uzar demişti

Elmalar allaşmış ayvalar sarı
Gezer *Gözükara*'m bal için arı
Salmış bel altına sırma saçları
Zülfünü bağlayan çözer demişti

Aşk Nasıp İşi

Sende mevsim bahar bende ise güz
Sende açan bende soluyor gülüm
Bende günler gece sendeyse gündüz
Hesap alt üstüne oluyor gülüm

Aşk yarası sargı ile sarılmaz
Hah demeye kalkıp dosta varılmaz
Hâr içinde açan güller derilmez
Bülbül ahu zardan ölüyor gülüm

Feleğin işine karışmıyorum
Gayri kimse ile yarışmıyorum
Gece uyku ile barışmıyorum
Gözlerim boşluğa dalıyor gülüm

Sevip alamayan düşer ataşa
Yardım eyleyemez gardaş gardaşa
Gönül veren katlanamaz savaşa
Bunu en çok Leyla biliyor gülüm

Bu aşktan kül olur gönülün evi
Evi bırak, şehri yakar alevi
Âşık ah ederse devirir devi
Çözümü susma da buluyor gülüm

Ben mi erken geldim, sen mi geç kaldın
Mecnun'a çevirdin aklımı aldın
Gözükara'yı da çöllere saldın
Kim demiş gidenler geliyor gülüm

Çevirdi

Davetsiz, teklifsiz gelen bu sevda
Yaktı beni Keremhan'a çevirdi
Varlığımı, yokluk ile sınadı
Her anımı imtihana çevirdi

Aklım baştan aldı, duygum inceldi
Gözü-göze, eli elime geldi
Huri-melek desem yalan değildi
Dört yanımı gülistana çevirdi

Zevkine erince gönül vermenin
Şemalı değişti bakıp, görmenin
Mayası aşk imiş dönen kirmenin
Bir o yana bir bu yana çevirdi

Sevda rüzgârıyla savrulduğum gün
Döndüm pervaneye yandım her öğün
Aylar bayram oldu, günler toy-düğün
Derde derman bir lokmana çevirdi

Sevda çekenleri hasret yaralar
Yarasıyla mutlu *Gözükara*'lar
Sensiz zindan oldu bana buralar
Gittiğim yolları sana çevirdi

Yanılgı

Sefil ayakların yaşlı gözlerin
Suçlusu akılsız başmış bilmedim
Beni benden alan tatlı sözlerin
Uyanık gördüğüm düşmüş bilmedim

Sevdiğimi tütün gibi sarardım
Yeşil yaprak idim soldum sarardım
Dalda olgunlaşan çatlamış nardım
Emek, çaba, gayret boşmuş bilmedim

Yüreğe oturdu kaldı dileğim
Ne zaman kalkacak nerden bileyim
Bunca gözyaşıyla nasıl güleyim
Gülen, ağlayana şaşmış bilmedim

Dağ olmak istedim kara tutuldum
Gül olmak istedim hâra tutuldum
Gönlüm dalgalandı, yâre tutuldum
Güzellik kirpikle, kaşmış bilmedim

Zora düşsem tutunacak dalım yok
Gülüm desem derilecek gülüm yok
Derdim içte konuşacak halim yok
Kara bağrım ondan pişmiş bilmedim

Her daim böyleymiş feleğin işi
Ne etse kendine edermiş kişi
Tufana bağlandı Nuh'un gelişi
Aslım damla, neslim yaşmış bilmedim

Devir devretmez ki devran süreyim
Olup bitenlere yanar yüreğim
Gözükara'm son söz, hükmü vereyim
Asıl sadık olan taşmış bilmedim

Yoruldum

Yıllar takvimleri tek tek götürdü
Uzaklara baka baka yoruldum
Rüyaları gece yedi bitirdi
Dişlerimi sıka sıka yoruldum

Kaçtıkça üstüme geliyor felek
Her gün ağırlaşır sırtımda şelek
Papatya falında kayboldu dilek
Şunda, bunda, çeke çeke yoruldum

Issızlarda gizli gizli ağlarım
Gecenin koynuna hayal bağlarım
Aşkın ırmağına düştüm çağlarım
Dur duraksız aka aka yoruldum

Kara kalem ağ kâğıda yazıyor
Derdim ağırlaşıp çilem uzuyor
Kaygısı olmayan gamsız geziyor
Ben de elem çeke çeke yoruldum

Gülü hâr içinde bırakan diken
Dikmeden biliyor gülleri diken
Kendini bilmez mi ömrümü söken
Gözyaşımı döke döke yoruldum

Güzel nazı çekmek, kahırdan öte
Aşk şarabı içmek zehirden öte
Gözükara'm vuslat tehirden öte
Ciğerimi yaka yaka yoruldum

Dilara

Sen gençsin, güzelsin bense kocaldım
Bir başına sevgim yetmez Dilara
Gönül ile bu davayı çok çaldım
Taşa tohum eksen bitmez Dilara

Sen yeni kaynamış berrak pınarsın
Ovada selvisin, dağda çınarsın
Arada sırada beni sınarsın
Kim demiş yananlar tütmez Dilara

Derman bende değil, sahip çıkayım
Cerrah değilim ki açıp bakayım
Ne bir bey oğluyum ne de ağayım
Âşığın çilesi bitmez Dilara

Yağan karlar dağı taşı örtüyor
Her sarraf cevherin kendi tartıyor
Seni tanıdıkça sancım artıyor
Ağrın yüreğimden gitmez Dilara

Sensiz boşa geçti ömrün yarısı
Aşka, meşke uzak yolun burası
Bir türlü yatışmaz gönül yarası
Derd'olan derdinden yatmaz Dilara

Gözükara'm şahit aşk otağına
Düşen iflah olmaz gülün ağına
Gülermiş bülbülün ağladığına
Bülbül her kuş gibi ötmez Dilara

Sevdiğim*

Aşkın ocağının ateşi sönmez
Koru olur, külü olmaz sevdiğim
Akıllı olanlar, kapıya koymaz
Gönülse bir adım salmaz sevdiğim

Altında, gümüşte bir ayar olur
Seven sevdiğiyle bahtiyar olur
Sevip alamazsa ihtiyar olur
Sanma ki gün günü solmaz sevdiğim

Yâre tahsis etsen gönül köşkünü
Sen de anlar idin bülbül aşkını
Donar ağustosta, terler kış günü
Hâlden hâle geçer, bilmez sevdiğim

Yaşanmadan inanılmaz, hâldadır
Gâhi çiçektedir, gâhi baldadır
Gözükara'm gece-gündüz yoldadır
Mecnun'u olsam da bilmez sevdiğim

**Ses sanatçısı İsmail Tatar tarafında notaya alındı.*

Aklımda

Senden bana düşen, gözyaşı, keder
Bir de yüreğimde derin iz kaldı
Sende nasıl dersen "bensiz geceler"
Akıl gitti del'olmama az kaldı

Saçın yosun gibi akar belinden
Esen rüzgâr payın alır telinden
Bal akarken, şeker-şerbet dilinden
Kur yaptığın işve, cilve, naz kaldı

Surete aittir bütün resimler
Bellik'ten ibaret konan isimler
Bir birini kovalıyor mevsimler
Sende bahar, bende ise güz kaldı

Bulunmaz dünyada Ferhat'ın eşi
Akıllara zarar Mecnun'un işi
Aslı'dan almıştır, Kerem ateşi
Gönül ocağında ondan köz kaldı

Kaygı kümelendi, korku gitmedi
İçin için yandı duman tütmedi
Sabrın ayrılığa gücü yetmedi
Ucu yanık mektuplarda söz kaldı

Gözükara'm nem kaparken havadan
Bir feryat yayıldı engin ovadan
Feragat eyledim en son davadan
Hâkimden geriye kâtip yaz kaldı

Sevda Hevesle Olmaz

Düşmeyen sevdayı heves sanmakta
Düşersen tarife söz bırakmıyor
Gâhî donmaktasın gâhî yanmakta
Seven, sevilene köz bırakmıyor

Ocağı var bacası yok sevdanın
Adanmış sayılır canana canın
Cennetten bir bahçe olsa dört yanın
Temaşa edecek göz bırakmıyor

Akıl parçalanır, duygu dağılır
Gece kâbus olur, uyku dağılır
Yerler ağarırken korku dağılır
Ezilen yürekte naz bırakmıyor

Ondan gayrisini kulak duyar mı
Dedikleri birbirine uyar mı
Esen tipi boran rahat koyar mı
Yağan kar yollarda iz bırakmıyor

Yanık olur gönlün hudut taşları
Nöbet tutar kirpik ile kaşları
*Gözükara*ların gözden yaşları
Akarken insanda öz bırakmıyor

Gül Gülüm

Senin gözlerinde gördüm kendimi
Ben gibi hasretin var gülüm gülüm
Sevda yüreğinde alevlendi mi
Söndürmez dağdaki kar gülüm gülüm

Ne dağ girsin ne de çalı arama
Ne ben arayayım ne sen arama
Başa gelir ise çekeriz ama
Hasretten çatlıyor nar gülüm gülüm

Kaç Leyla baş eder seven deliyle
Aslı, Kerem'ini yaktı eliyle
Bülbüllerin başı dertte gülüyle
Döküyor kanını hâr gülüm gülüm

Seven sevdiğine olmamışsa yâr
Gözünde yaş yüreğinde hicran var
Uykuyu uyutur sabaha kadar
Gel sen bu yatakta dur gülüm gülüm

Sen yanımda olsan yıkılmam, yanmam
Candan usanırım senden usanmam
Kader bundan sonra gülecek, sanmam
Talihin gözleri kör gülüm gülüm

Ömür sene gibi mevsim mevsimdir
Her mevsim farklı renk, farklı resimdir
Diyorsan "Bu'ğur da tuşuşan kimdir?"
Yakıyor yaprağı kor gülüm gülüm

Aşkın kitabını açar okurum
Âdem'den bu yana böyle bu durum
Gurbet tezgâhında hasret dokurum
Açıp kollarını sar gülüm gülüm

Hayat bahşedilir her bir nefeste
Gönlüm tutu kaldı, ruhum kafeste
Gözükara'm hasret geldi üst üste
Akar zemheride ter gülüm gülüm

Yalandır (!)

Senden sonra al yeşilin yerine
Karaları bağladığım yalandır
İtibar eyleme binde birine
Yüreğimi dağladığım yalandır

Demişler, "Gün günü mecnunlaşıyor
Canlı cenazeden farksız yaşıyor
Yatağını yarlayarak taşıyor"
Seller gibi çağladığım yalandır

Çözülmeyen bir tılsımlı bilmece
Hayalini sarıyorum gizlice
Kirpikler, kirpiğe değmiyor gece
Gece gündüz ağladığım yalandır

Zannetme bunları tespihe dizdim
Sevincim kayboldu, hayattan bezdim
Resmini koynuma koymadan gezdim
Gönlü bunla eğlediğim yalandır

Kapanmaz açtığın yaralarında
Attığın müjgân var aralarında
Gün doğup gün batan sıralarında
Ağıt yakıp söylediğim yalandır

Gönül uymayınca beden yaşıma
Sevda denen kaza geldi başıma
Sevdi alamadı yazın taşıma
Sözü böyle bağladığım yalandır

Benim çektiğimi çeksin dilemem
İlahi mahkeme ne der bilemem
Gözükara'm bundan böyle gelemem
Seni sana koğladığım yalanlardır

Vakit Geçti

Keşke bir Leyla'ya meftun olsaydım
Yanıp Kerem gibi küle karıştım
Âşık diye düşmüş deftere kaydım
Hâsılı tevatür dile karıştım

İrfan meclisinde ocak gibiydim
Yüreği ısıtan sıcak gibiydim
Taşı parçalayan bıçak gibiydim
El ayak dolandı kola karıştım

Anbean sürerken içimde savaş
Eriyip tükendim ben yavaş yavaş
Yüreğimde ateş gözlerimde yaş
Yaz bahar ayında sele karıştım

Ağrıyan, sancıyan, yara yerimi
Görmeyen anlamaz çektiklerimi
Hazan çaldı umut meyvelerimi
Çiçeksiz yapraksız dala karıştım

Sitemden gayrısın görmedim yârdan
Sabır yokluktandır, şükürse vardan
Gözükara'm gönül geçti bahardan
Kaldım hâr içinde güle karıştım

Sence Doğru Mu?

Sebepsiz ayrıldık boşu boşuna
Gurbeti beklemen sence doğru mu?
Beni mesul tutup bir tek başına
Vebali yüklemen sence doğru mu?

İnsan nasıl yaşar bir şey yemeden
Buna inanmazsın beni görmeden
Çekip gittin bana bir şey demeden
Sözünü saklaman sence doğru mu?

Ben bilmem gönlünü geniş mi dar mı?
Sevgiyi almayan bir yürek var mı?
Ateş düşmeyeni ateş yakar mı?
Yıkayıp kırklaman sence doğru mu?

Benden Sual Sorar İse

Yara deyin yara deyin
Selamımı yâra deyin
Benden sual sorar ise
Dört bir yanı yara deyin

Kara deyin kara deyin
Dağlar doydu kara deyin
Benden sual sorar ise
Hiç geçmedi kâra deyin

Güle deyin güle deyin
Bülbül zârda güle deyin
Benden sual sorar ise
Boyun büktü güle deyin

Dara deyin dara deyin
Mansur düştü dâra deyin
Benden sual sorar ise
O da düştü dara deyin

Yakın deyin yakın deyin
Sönmüş ocak, yakın deyin
Benden sual sorar ise
Azrail'e yakın deyin

Kara deyin kara deyin
Kara kader kara deyin
Benden sual sorar ise
Öldü *Gözükara* deyin

Gün Gelip Geçti

Bana yüklüyorsun yılın suçunu
Ben gelip geçmedim gün gelip geçti
Tel tel taradığın sırma saçını
Ben yolup geçmedim gün yolup geçti

Âlemin içinde âlemler farklı
İnsana rehberdir insanın aklı
Dudağımda yarım tebessüm saklı
Ben gülüp geçmedim gün gülüp geçti

Bir bir sayıp döksem özelliğini
Üç-yüz, beş-yüz ne ki geçerdi bini
Gençliğin verdiği güzelliğini
Ben çalıp geçmedim gün çalıp geçti

Gün günü kapanır dert ile aran
Sızıya dönüşür içini saran
Bir sarı yapraktır kanayan yaran
Ben solup geçmedim gün solup geçti

Gözükara'm güç mü kaldı yazmaya
Allah vere yaralarım azmaya
Kürek arıyorlar mezar kazmaya
Ben alıp geçmedim gün alıp geçti

Haberin Olsun

Ömür gelip geçer devran sürmeden
Ukdeler içinde sıralı kalır
Göçünü yüklersin bir gün görmeden
Yüreğin içerde yaralı kalır

Geceler olmazdı gündüzler dursa
Balıklar yaşamaz karaya vursa
Sevip sevilmeye fırsat ararsa
Kalbinin kapısı aralı kalır

Arayıp dururuz suçu zamanda
Feleğin elinde asıl kumanda
Açılır defterler ulu divanda
Gâh süresiz gâhî süreli kalır

Herkes kendisinden çekermiş meğer
Gözükara'm taşın kendine değer
Elinden fırsatın kaçarsa eğer
Bir ömür defterin karalı kalır

Beni Benden Aldı

Çift gamzeli, al yanağı
Yüzü beni benden aldı
Gülü gülistandır bağı
Gözü beni benden aldı

Çiçek açmaz kuru beden
Yorulmazmış gönül güden
Sevip sevilmeye neden
Nazı beni benden aldı

Sancı bende diken gülde
Karlar erir coşar selde
Dudak balda, şeker dilde
Sözü beni benden aldı

Suç arama kuru, yaşta
Kavak yeli eser başta
Kül olmaz yanan ataşta
Közü beni benden aldı

Keşiş kızı Aslı yalan
Hikâyedir bize kalan
Yol göstersin aklı alan
İzi beni benden aldı

Hasret ölümden acıdır
Yolcu yoldan davacıdır
Sevgi ruhun ilacıdır
Dozu beni benden aldı

Derdi, gamı atacaktım
Ellerinden tutacaktım
Yorulunca yatacaktım
Dizi beni benden aldı

Deli oldu *Gözükara*'m
Göz göz oldu işte yaram
Acıyla dost oldu aram
Sızı beni benden aldı

Ela Gözlü Yâr

Ben Gözükara'yım sen ela gözlü
Rüyadan ibaret gördüklerimiz
Kendi aramızda alenen sözlü
Aklında mı ahit verdiklerimiz?

Neler çektiğimi senden gizledim
Bunu ne sen sordun ne de ben dedim
Sana anlatamam nasıl özledim
Hayal miydi o gün kurduklarımız?

Bulutlar sağılır orman üstüne
Seherde çiğ düşer çimen üstüne
Kışın duman çöker duman üstüne
Boşa mı baharı sorduklarımız?

Aşkı tarif etmek yaşamadan zor
Dışarısı alev içerisi kor
Aslı'sı olanlar yanıp gidiyor
Leylileşmiş izin sürdüklerimiz

Makbuldür âşığın *Gözükara*sı
Şikâyet etmenin geçti sırası
Sargı tutmaz imiş gönül yarası
Sarılmayan kolmuş sardıklarımız

Kâr Size Dağlar

Çok gördü vedayı çekip giderken
Sebebin dedi mi yâr size dağlar?
Çiçeğin, çimenin solmaz mı erken?
Vakitsiz düşerse kar size dağlar

Karın erir sular coşar derende
Her bir nebat hayat bulur yörende
Dört mevsimde ayrı devran sürende
Ölüm yok belleme, var size dağlar

Bulutlarla çepeçevre başın var
Koyağın var, toprağın var, taşın var
Ormanın var pınarın var kuşun var
Düşerse yakmaz mı kor size dağlar

Kerem kül olunca, ocağı söndü
Sevip alamayan Mecnun'a döndü
Bana da gurbetin yolu göründü
Her âşık "yol verin" der size dağlar

Altında kalınca yıkıntıların
Çoğalır azalmaz sıkıntıların
Seline kapılıp akıntıların
Akarsa bir âşık ar size dağlar

İçim ürperiyor gurbet dendi mi
Gözyaşım yıkıyor gönül bendimi
Yetim hissederim onsuz kendimi
Çıkmaz diye verdim sır size dağlar

Yâr merhem sürmeden iy'olmaz yaram
Bunca yara ile ben nasıl varam
İçten içe yanan kor *Gözükara*'m
Bunu anlatması zor size dağlar

Yara Bağladı

Yol istedim mor sümbüllü dağlardan
Sözü yazın yağan kara bağladı
Nazlı yâra gül topladım bağlardan
Gülün derenleri yara bağladı

Rüzgâr bir tel almış sırma saçından
Dallara bağlayıp ses vermiş ondan
Bir gonca istedim gül ağacından
Sen yoksun diyerek hâra bağladı

Gönül yaylasında sevda güdenim
Hayal, düşten öte neyim var benim?
Ateş düşmüş orman gibi bedenim
Ciğerim bağını kora bağladı

Ben değil geçtiğin yollar yanıyor
Ateşim düşüyor beden donuyor
Kimi içe kimi dışa kanıyor
Yüreğimin başı yara bağladı

Sevdanın hasreti vurdu başıma
Getir gözyaşından dök ataşıma
Ahde vefa imiş yükü taşıma
Bu yüzden hasreti sıra bağladı

Bir ömür içinden bir bahar çıkar
Gün olur, su dersin sular da yakar
Gözükara'm seven aşk ile bakar
Dedi can evimi yâra bağladı

Sen Beni Unut

Zengin kızın, fakir oğlana tembihatı

Kaderi karayı felek şâd etmez
Dem ile devranı sürmeyi unut
Felekle güreşme, güç kuvvet yetmez
Cehd ile murada ermeyi unut

Olura-olmaza yutkunup durma
Başını taşlardan taşlara vurma
O seni sormazsa sen onu sorma
Selam almayana vermeyi unut

Gönül gam yüklüdür her daim bizde
Kopar nazın ipi çektiğimizde
Hayal varsa eğer ektiğimizde
Ekini tarladan dermeyi unut

Meyveyi hatırla dalı hatırla
Arıyı hatırla balı hatırla
Dikeni hatırla gülü hatırla
Güz-kışa dönerse görmeyi unut

Davul bile dengi dengine olur
Bin bir türlü nimet zengine olur
Boyası ne olur rengi ne olur?
Sana ne bunlardan sormayı unut

Gözükara'm devran gelip geçiyor
Kimisi ölçüyor kimi biçiyor
Her yapı mutlaka bir gün göçüyor
Toprağın dışında sarmayı unut

Yalanım Varsa

Elma yanaklıydı kiraz dudaklı
Gözlerim kör olsun yalanım varsa
Sevdaya düşenin kalmıyor aklı?
Her dert beni bulsun yalanım varsa

Savrulurken saçı rüzgârda tel tel
Her telini ayrı tarıyordu yel
Saran murat alır diyor ince bel
Hak canımı alsın yalanım varsa

Nispet ediyor ki ona dolunay
Neler demiş neler vay efendim vay
"Kime karşı" demiş "kirpik ok, kaş yay"
Yıldırımlar çarpsın yalanım varsa

Mevsim döner dallar döker gazeli
Gözüm kurumadı gurbet gezeli
Ben görmedim onun gibi güzeli
Dam başıma kepsin yalanım varsa

Gözükara'm geçse gönlü geçmiyor
Cana siner bir şey yiyip içmiyor
Sarılıp yatmadan hasret geçmiyor
Beni toprak öpsün yalanım varsa

Kız Geçer

Yayla yerler ovalara benzemez
Güller geç açılıp orda tez geçer
Kekik kenger elden ele gezemez
Sümbül, nergis arasından naz geçer

Renkler seçilmezse karadan, aktan
"Bunda ne var" demek kolay uzaktan
Yemeden kesilen, düşer ayaktan
Sanma buna rağmen gönle söz geçer

Allah bilir günahımla sevabım
Gizlim, saklım yoktur açık hitabım
Üç yüz atmış beş gün yıllık hesabım
İlkbaharın arkasından yaz geçer

Bülbülün çektiği kendi dilinden
Âşık dâra düşer zülfün telinden
Gören sarhoş olur güzelliğinden
Şirin gibi leylileşen kız geçer

Aklım şaşar mıydı gönlüme uysa
Ben kendi halimde biriydim oysa
Sana eşlik eden yağmur, doluysa
Geçit vermez karlı dağa koz geçer

Gönül bohçaları her dem çözülmez
Daldan düşen meyve, nasıl ezilmez
Ateş incitilmez yanan üzülmez
Yanan yüreklerden korlu köz geçer

Herkes merak eder senin ismini
Deyip sevindirmem korkma hasmını
Gönlümün göğüne çizdim resmini
Kaç ressam eline böyle poz geçer

Durmasın ha *Gözükara*'m durmasın
Sevip sevileni hasret yormasın
Sevgililer ayrı ayrı durmasın
Demem o ki fırsat ele az geçer

Del'olduğu Yaştaydı

Hasbahçede gonca güldü bir zaman
Görenlerin del'olduğu yaştaydı
Gülü dikeninden daha da yaman
Derenlerin del'olduğu yaştaydı

Gamzeli yanaklar al gül rengiydi
Saba Melikesi Belkıs dengiydi
Burda olup biten sevda cengiydi
Girenlerin del'olduğu yaştaydı

Ferhat can bağışlar Şirin sözüne
Kays da mecnun oldu Leylâ yüzüne
Kerem nasıl düştü Aslı közüne
Soranların del'olduğu yaştaydı

Yele bırakırdı zülfün telini
Ak mermerler kıskanırdı elini
Gümüş kemer okşar idi belini
Saranların del'olduğu yaştaydı

Gözükara'm kısmet değilmiş derken
O geç gelmiş idi ben ise erken
Ayrı düştük kavuşmayı beklerken
Varanların del'olduğu yaştaydı

Hâlleşmek

Ben Dedim:
Kirpiklerin ıslak dudağın buruk
Hasret mi uğradı gönlüne senin
Yaprağın mı gazel dalın mı kırık
Firkat mi uğradı gönlüne senin

O Dedi:
Nemli kirpiklerim buğulu gözüm
Hasretten gönlümü yaktım ağladım
Yaralı gönlüme geçmiyor sözüm
Perişan hâlime baktım ağladım

Ben Dedim:
İnsan bir kitaptır gözden okunur
Değeri, kıymeti sözden okunur
Aşkın her hecesi közden okunur
Dehşet mi uğradı gönlüne senin

O Dedi:
Sureti kabuktur sireti özdür
İnsanı bağlayan verdiği sözdür
Keremhan kül ise Aslıhan közdür
Dehşetli alevden çıktım ağladım

Ben Dedim:
Sevene, sevilen ayan oluyor
Dehşete düştüğün, rüyan oluyor
Sanma dâra düşen ziyan oluyor
Cellat mı uğradı gönlüne senin

O Dedi:
Yerler döşeğimdir bulut yorganım
Sevdiğime helal olsun al kanım
Darda hazır kürsü ilmek urganım
Cellat huzuruna çıktım ağladım

Ben Dedim:
Ağaçlar çiçeksiz meyveye durmaz
Yaz bahar ayında mihrican vurmaz
Gözlerinin yaşı neden kurumaz
Şiddet mi uğradı gönlüne senin

O Dedi:
Meyvem yağmalandı kırıldı dalım
Dağıldı kovanım saçıldı balım
Dizimde derman yok tutmuyor kolum
Şiddetten yoruldum korktum ağladım

Ben Dedim:
Yiğidin başından eksilmez duman
İhtiyar gençleşir, sevdiği zaman
Göze ışık gelir, dize de derman
Afet mi uğradı gönlüne senin

O Dedi:
Dağına göredir dağın dumanı
Sevip sevilmenin geçmez zamanı
Bir kibrit yakıyor koca ormanı
Afeti üst üste yıktım ağladım

Ben Dedim:
Gönül dedikleri bir sırlı köşe
Akıl, fikir yetmez yaptığı işe
Yıkmak için çıkar yiğit güreşe
Mehmet mi uğradı gönlüne senin

O Dedi:
Ummadık iş gelir sağ olan başa
Kim kendini atar yanan ataşa
İzah etmek için geldim baş başa
Mehmet'i yanıma çektim ağladım

Ben Dedim:
Fırsat bir güvercin gökte uçuyor
Bunun için gece uykum kaçıyor
Gözükara'm sana kucak açıyor
Davet mi uğradı gönlüne senin

O Dedi:
Elden kaçan fırsat ele gelmiyor
Uykusunu bölen boşa bölmüyor
Gözüm kurumuyor, yüzüm gülmüyor
Uzlete canımı sıktım ağladım

Güzel Demek Az Buna

Nasıl tarif edem ben bu güzeli
Sarayda yetişmiş sultan gibiydi
Yeni açmış çiçek, dökmez gazeli
Saçı sırma, boyu fidan gibiydi

Enginlere yağmur, yücelere kar
Yağarken sağılan bulutları var
Aşka inanmazdım görene kadar
Parlayan cemali nurdan gibiydi

Ömür dedikleri mevsim, mevsimdi
Bu kimin nesiydi kendisi kimdi
Gönlümde yer tuttu, aklımda şimdi
Avcıyı avlayan ceylan gibiydi

Seven, sevilen de bir can taşıyor
Susayan dal-yaprak cansızlaşıyor
Ömür güzde, gönül bahar yaşıyor
Mevsimden, mevsime sürgün gibiydi

Hesaba gelmedik iş gelir başa
İnsan bile bile düşmez ataşa
Akıl, duygu ile girdi savaşa
Kastıma yazılan ferman gibiydi

Gem'e gelmez imiş sevdanın atı
Feleğin pençeden farksız kanadı
Aşkın her maddesi mermerden katı
Yüreği yaralı kaplan gibiydi

Sanma sade insan kemikle ettir
Kiminin yüreği elmastan serttir
Sözlerim darasız, manası nettir
Fırtınadan çıkmış kaptan gibiydi

Derdi olan çeker ah ile zârı
Hasretten çöküyor gönül duvarı
Irmaklar deryaya taşır suları
Arı-duru akan Ceyhan gibiydi

Suyu cazip kılan renk mi, tadı mı
Kerem yana yana anlatmadı mı
Tanımaz şahsımı, bilmez adımı
Kudretten kokulu reyhan gibiydi

Sözden anlayanlar, düşer darayı
Dost olan dostuyla açmaz arayı
Âşık maşukundan alır yarayı
Bu güzel her derde derman gibiydi

Yağmurlar ıslatır, ateş eritir
Kar, suya kesilir, sıcağa getir
Gözükara'm sözü burada bitir
Sözün hülasası lokman gibiydi

İncitme

Canan için can gerekli
Sakın kurbanı incitme
Devri devranda sürekli
Damarda kanı incitme

Gözden sakınırken seni
Sen attın ateşe beni
Yakıp kül ettin bedeni
Ne olur canı incitme

Herkese bir bir dağılan
Ölüm gerçek dünya yalan
Yaşar sanma sensiz kalan
Sana hayranı incitme

Bülbül döner gül üstüne
Hasret ekler günü güne
Küser mi ocak tütüne
Çıkan dumanı incitme

Gözükara'm harap oldu
Ayağına turap oldu
"Üzüm idi şarap oldu"
Deyip vicdanı incitme

Demedi Deme

Damlalar denizde dalgalanırken
Irmağın yollara düşmesi vardır
Mecnun çöle düşüp, Kerem yanarken
Ferhat'ın dağları deşmesi vardır

Ay suya düşerken Pınarbaşı'nda
Kavak yeli eser o an başında
Buna şahit olan vatandaşın da
Senin bu hâline şaşması vardır

Karlı dağlar girer ise araya
Tahammül kısalır gün saya saya
Gelecek diyerek gelecek aya
Bugünden yarına koşması vardır

Aşkın defterine ismi yazılır
Talana uğrar da bağı bozulur
Ağlaya ağlaya gurbet gezilir
Akar siyim siyim çeşmesi vardır

Gözükara'm dayanmazken sıcağa
Birdenbire düştü yanan ocağa
Çekti küllenmeyen koru kucağa
Gönlün hasret ile pişmesi vardır

Dert Ortağım Ulu Dağlar

Döşü mor sümbüllü ey yüce dağlar
Derdimi sizlere dökmeye geldim
Lale sümbül çiğdem kokulu dağlar
İki gözüm çeşme akmaya geldim

Anlatayım tane tane hâlimi
Merhametsiz çıktı, sevdim zalimi
Kâbusa çevirdi her hayalimi
Sizde durum nasıl bakmaya geldim

O gündür bu gündür kendimi yedim
Bir gün yok demekten yorulur dedim
Ömrüm gelip geçti düşünemedim
Bu derdi içimden sökmeye geldim

Gönül evim küle döndü yanmaktan
Dilim peltekleşti onu anmaktan
Vakitli, vakitsiz yaralanmaktan
Yoruldum, yaramı dikmeye geldim

Benim de siz gibi kar içim dışım
Yıl on iki ayda dört mevsim kışım
Gözükara'm diyor sönmez ataşım
Çaresiz çilemi çekmeye geldim

Sözüm Var Dağlar

Hele bir yol verin, yol verin dağlar
Sevda çekenlerde ize gerek yok
Hazana uğrarsa bozulur bağlar
Bunu anlamaya göze gerek yok

Gâh konar gâh kalkar sevda kervanı
Takvime bağlamaz âşık zamanı
Gönülü incitmez gönül insanı
Hâl ehli olanda söze gerek yok

Esrar kalmaz idi sırrı gösterse
Emek olur muydu sebepsiz verse
Dut yaprağın ipek yapar isterse
Kutnu kumaş ile beze gerek yok

Hüzne mi kazılmış aşkın yasası
Bir şeye benzemez gönül tasası
Ölürse tutulmaz delinin yası
Sevip sevilirken naza gerek yok

Sana hastır dumanın da sisin de
Yazın yeşil, kışın beyaz süsün de
Kaç ah gizli sensizliğin sesinde
Sırrı faş eyleyen saza gerek yok

Dertsiz giden dertli döndü akından
Bağrım parçalandı değen okundan
Baktı *Gözükara*'m daha yakından
Ondan geliyordu aza gerek yok

Sözüm Yıllara

Acı tatlı yaşanılan gün olur
Geçen geçti dersin kalan yıllara
Bugün yaşanılır, yarın, dün olur
Mevsim ilkbaharken gülen yıllara

Gönül gamlanırsa kirpik ıslanır
Yürek ortasına hasret yaslanır
Bakır kalaylanır demir paslanır
Kahrım var çarığı delen yıllara

Hasretin ateşi yüreğin dağlar
Bir günde sayarsan yedi gün ağlar
Yad olmuşsa yâr dediğin nazlı yâr
Dövünüp durursun çalan yıllara

Karşında hayali, kulakta sesi
Gün günü yıpranır ruhun kafesi
Gözyaşıyla dolu zaman cezvesi
Sunarsın fincanla talan yıllara

Sonun bir öncesi saati kurmak
Neyi değiştirir farkına varmak
Çare değil geçen güne yalvarmak
Söz geçmez sevdiğin alan yıllara

Gözükara'm adım adım yürüyor
Ovayı sis dağı duman bürüyor
Bir şeker misali ömür eriyor
Baktım üst üstüne gelen yıllara

Düştüm

Kartal pençesinde serçe misali
Yâr diye bir zalim eline düştüm
Övünerek anlatırmış bu hâli
Aşikâr el âlem diline düştüm

Az rastlanır güzellikte eşine
Seven sevmiş sevmeyenin işi ne
Sevilirsen seven düşer peşine
Ben de sevdiğimin yoluna düştüm

Görür görmez mah cemale tav oldum
Anlamadım avcı idim av oldum
Bir çıngıdan alev alan kav oldum
Harlanan ateşin dalına düştüm

Yorgan döşek diken oldu batıyor
Benden başka herkes gece yatıyor
Yağan yağmur seni hatırlatıyor
Gönül ırmağının seline düştüm

Dıştan bakan gül gülistan sanıyor
Oysa yaralarım içe kanıyor
Gözükara'm el-ayağın donuyor
Mevsimin güz denen yılına düştüm

Mevsim Güz

İlkbahar, yaz geçti güze gelindi
Kışa çevrilmeden gel bu mevsimde
Tatlanan meyveler dallardan indi
Döker yaprağını yel bu mevsimde

Tecelli edince hükmü kaderin
Dünyaya sığmazsın daralır yerin
Renkten renge döner gamın kederin
Başında aklaşır tel bu mevsimde

Ömür tükenirken gün saya saya
Saat güne döner günler haftaya
Sıcaklığın sinsin içtiğim çaya
Tut ki üşümesin el bu mevsimde

Turna katar katar göç akın akın
Bulutlar kararır yağmaya yakın
Bülbüle ne olur deme ha sakın
Kahrından solarmış gül bu mevsimde

Bilmez *Gözükara*'m Aslı amanı
Sarar dağ başını Kerem dumanı
Her şey geçse geçmez sevme zamanı
Zikreder sevdiğin dil bu mevsimde

Kadere Bak

Âşık olan daim içerden yanar
Külü düşse karı kor eyler imiş
Her saat her dakka maşukun anar
Sesli söylemeye ar eyler imiş

Maşuk ne eylese âşık darılmaz
Sevilen yorulur seven yorulmaz
Durgun sular akmayınca durulmaz
Gönül dünyasında var eyler imiş

Gözükara'm taştan taşa çalınır
Kader karşısında aciz kalınır
Nasip olmayınca nasıl alınır
Bahtına düşeni yar eyler imiş

Sen Gidince Ben

Sen çekip gidince boşaldı şehir
Yanım yörem çöktü kimsesiz kaldım
Kuyular çekildi, su vermez nehir
Yağmur da yağmıyor ben susuz kaldım

Sensin diye döndüm duyduğum sese
Koştum ardın sıra nefes nefese
Bilen bilmeyene sordum herkese
Ben sensiz hem yetim hem öksüz kaldım

Senden gayri herkes bunun farkında
Bir gönlün enkazı kaldı ardında
Dönen iflah olmaz hasret çarkında
Yemin ediyorum nefessiz kaldım

Hayra yormaz idim görseydim düşte
Kaç hüzün gizlidir bir tek gülüşte
Gözleme desen de gözlerim işte
Sen gittin gideli uykusuz kaldım

Elden çıkan fırsat ele geçmiyor
"Geçer" demek ile çile geçmiyor
Kendi sözüm bana bile geçmiyor
Gece aysız gündüz güneşsiz kaldım

Gözükara'm bahar geliyor derken
Dallar yaprak döktü gününden erken
Ben beni unuttum seni severken
Nasıl dayanayım ben sensiz kaldım

Yetiş

Beklemeye tahammülüm kalmadı
Gündüzler geceye dönmeden yetiş
Gönül şad olup da murat almadı
Umut Şuleleri sönmeden yetiş

Gündüz hayallerim gece düşlerim
Baştan başa sarpa sarar işlerim
Aşkın tezgâhında hasret işlerim
Perdeler gözüme inmeden yetiş

Kirpik ok, kaşın yay, zülüfün dârdır
Sevdan yüreğimi kavuran hârdır
Bu derdin dermanı dediler yârdır
Aslı Kerem gibi yanmadan yetiş

Uzaktan hoş gelir davulun sesi
Bülbülle anılır bülbül kafesi
Gözükara`m sensiz verir nefesi
Ecel şerbetine kanmadan yetiş

Telef Oldu

Karlar erken düştü bu yıl dağlara
Yolcunun geçtiği yol telef oldu
Hazan uğrayınca yeşil bağlara
Şeyda bülbül ile gül telef oldu

Gözyaşları yuva yaptı gözüme
Seyirdip duruyor bir bir yüzüme
Bakarak karardı üzüm üzüme
Fırtına çıkınca dal telef oldu

Teselliye muhtaç görülen düşler
Ne tebessüm kaldı ne de gülüşler
Ebabil ağızlı bu bekleyişler
Ebrehe elinde fil telef oldu

Doğan da ölen de geçilir kayda
Yangınlar gizlidir sade bir oy'da
Sabreyle geçecek demek kolay da
Bozuldu düzenek hâl telef oldu

Aynı yöne imiş geliş, dönüş de
Hitama erermiş çıkış, inişte
Irmağın yatağı bence geniş de
Yatağa sığmayan sel telef oldu

Gözükara'm âhla geçiyor günüm
Felek taştan taşa çaldı üzgünüm
Car etsem dostlara ulaşmaz ünüm
Ahuzâr içinde kul telef oldu

Başa Gelir

Doğumdan ölüme uzanan yolda
İlkbahar yaz derken güz kışa gelir
Çiçekler meyveye dönerken dalda
Budağı yaprağı hep hoşa gelir

Hayatın gerçeği gelenler gider
Ocaklar yanarken bacalar tüter
Kimi muratlanır kimisi güder
Günün her saati telaşa gelir

Şaşmadan öğütür feleğin çarkı
Uğrar harap eder ev ile barkı
Kerem'in Mecnun'dan belki de farkı
Pervane misali ataşa gelir

Bülbülün figanı güle yetmiyor
Gam alıp gam satmak para etmiyor
Gönül yaraları sargı tutmuyor
Dökülen gözyaşı peş peşe gelir

Olmaz mı insanın bin türlü derdi
Gözükara'm şad olmayı isterdi
Yarım kalan hikâyeler gösterdi
Toprağa düşünce baş taşa gelir

Kim Neyi Bekliyor

Aylar boyu hüzün tutan bülbüller
Seherde açacak gülü bekliyor
Dağda kırda yasemenler, sümbüller
Seherde esecek yeli bekliyor

Aşkı muhabbetle hep dola dola
Çiçek yaprak ile girmiş kol kola
İkisine birden dedim hayr'ola
Meyveye durmayı dalı bekliyor

Bahar başlarında düşüp art arda
Göç göç olur idik alaca karda
Kaval çaldığımız o yaylalarda
Kaç âşık yavuklu yolu bekliyor

Sırtına sararsan gamı hicranı
Hüzünle doldurur gönül dünyanı
Bir acı gerçeğin kaçılmaz yanı
Karayer ağz'açmış kulu bekliyor

Zaman geçti mevsim güze evrildi
Aylar yıllar üst üstüne devrildi
Yeminler edildi ahit verildi
Gözükara'm zülfi teli bekliyor

Yası Dağılır

Kıştan çıkıp gelse taze ilkbahar
Dağların başının sisi dağılır
Yüksek yamaçlarda oylum oylum kar
Eririrken suların sesi dağılır

Çiçeğin meyvenin gözü yaprakta
Çayır çimen biter kara toprakta
Bir ceylan sürüsü gezer uzakta
Kartpostal misali süsü dağılır

Şenlense yuvalar yansa ocaklar
Varlığa evrilse yok olsa yoklar
Ekini yetirse sarı sıcaklar
Ovanın üstünden pusu dağılır

Kışa hazırlanır tabiat güzün
Sarı yapraklarda dolaşır hüzün
Esen rüzgârlara karışır sözün
Duyarlı yüreğin hissi dağılır

Bağın son demidir üzüm kesimi
Yine de duymuyor nazlım sesimi
Gün gelir veririm son nefesimi
Göçer *Gözükara*'m yası dağılır

Yazmak Çözüm Değil

Yorgun yüreğimde öksüz duygular
Gece gündüz yazıyorum bitmiyor
Hüzünlü geceler gamlı uykular
Beni dost edindi hiç terk etmiyor

Melül mahzun bırakınca ardında
Garip kaldım yaşadığım yurdumda
Gönül pazarına ben de vardım da
Sevmek, sevilmeden para etmiyor

Gözyaşlarım ırmak gibi çağlarken
Gelecek her güne ümit bağlarken
Kelimeler şiir olup ağlarken
Setler çevirmiyor bentler tutmuyor

Gün doğarken ışımıyor eşikler
Gecenin içinde kaldı ışıklar
İhanet beleli gümüş beşikler
Ahde vefalılar hiç unutmuyor

Hicranlı bir ömür kaldı ardımda
Sarmadım mı dedim yâri sardım da
Kor dolu küfeyle gezdim sırtımda
Közü küllenmiyor duman tütmüyor

Kapanmaz gönülde açılan yaram
Düzelmedi gitti felekle aram
Şad olup gülmedi bir *Gözükara*'m
İçinin yangını göz kurutmuyor

Garip

Levh-i mahfuzdaki kader kâtibi
Az güler çok ağlar yazmış garibi
Üstelik ağlamak yetmiyor gibi
Gâh gelen gâh giden ezmiş garibi

Derdim Depreşti

Yine dalgalanıp coştu bu gönül
Sıkıştım karınca, fil arasına
Ahu figan eder seherde bülbül
Gözünden çiy düşer gül arasına

Kavuşmak var iken ayrılık neden
Hasretten gün günü kuruyor beden
Âşığı kim bilir dile düşmeden
Söz gizler dudakla dil arasına

Aşka müptelalar olur mu serin
Zemheri de akar bu yüzden terin
Aşkta yeri yoktur tesadüflerin
Köz gizler sırma saç tel arasına

Bir bütün olmuyor iki yarımdan
Ehli anlar muammalı yorumdan
Hâlimi anlayın avuçlarımdan
Zalim yâr kor koymuş kül arasına

Kerem Aslıhan'a gönlünü vermiş
Mecnun ne sorulsa hep Leyla dermiş
Var ise gösterin murada ermiş
Nice gurbet girmiş yol arasına

Her şey bizim için yağmur da kar da
Allah'ım koymasın kimseyi darda
Gözükara'm akar gözden art arda
Damlalar karışır sel arasına

Sensiz Geceler

Yine akşam oldu yine sen yoksun
Beni yer bitirir uzun geceler
Gel ki odam nergis, menekşe koksun
Sensiz çekilmiyor hazin geceler

Her şey dönse vakit dönmez geriye
Geceler gündüzden bize hediye
Kayarsa bir dilek tutayım diye
Gözüm yıldızlarda yazın geceler

Geceyle çıkarız her gün gündüze
El ele vererek erilir düze
Ömür mevsiminde ermeden güze
Geçer nazlı yâre nazın geceler

Dünya kurulalı değişmez yeri
Gecenin gündüzden farklı ederi
Kimse talep etmez kara kaderi
Verir yüreğime hüzün geceler

Aklın yetiyor da zaman yetmiyor
Ömür tükeniyor arzu bitmiyor
Gönül yarasının izi gitmiyor
İşve hariç çözmez buzun geceler

Kaç zaman bekledim gelmedin niçin
Sen yaktın ben yandım hep için için
Ardından koşturdun bir koca hiç'in
Sildi *Gözükara*'m izin geceler

Ben Benden Bildim

Biliyorum deli gibi özlersin
Dersen nasıl bildin, ben benden bildim
Eriyerek her gün yolu gözlersin
Dersen nasıl bildin, ben benden bildim

Gecenin koynunda ay gökte tepsi
Kaderin ipine bağlıdır hepsi
Kimi yaşayarak alırmış dersi
Dersen nasıl bildin, ben benden bildim

Hasret hançer olur işler derine
Sırrını söylemez biri birine
Ateşe düşseydin sevda yerine
Dersen nasıl bildin, ben benden bildim

Gönül defterini açıp yoklarsın
Sevdiğini kend'özünden saklarsın
Kokusun benzetip gülü koklarsın
Dersen nasıl bildin, ben benden bildim

Uç verirken yaraların teninde
Aşılmayan dağlar vardır önünde
Gönül şehrin darmadağın senin de
Dersen nasıl bildin, ben benden bildim

Taş düşse dayanmaz aşkın nârına
Gözükara şahit ahu zârına
Kelime yetmiyor duygularına
Dersen nasıl bildin, ben benden bildim

Gelmedi

Bahar gelsin geleceğim demişti
Söylediği sözün ardı gelmedi
Giden yıl da yine gelememişti
Bu baharda ahtı vardı gelmedi

Söz vererek güvendirdi en başta
Şahit suda balık, gökteki kuş da
Birlikte yanıyor kuru da yaş da
Dumanı bacayı sardı gelmedi

Yüreğimde hasret gözlerimde yaş
Yandım Kerem gibi ben yavaş yavaş
Kimsede yok idi ondaki telaş
"Ben sensiz yapamam" derdi gelmedi

Her yolcu varamaz demek menzile
Kâr kalır yanına çektiği çile
Onu üzmem kendim üzülsem bile
Var ki bir geçerli derdi gelmedi

O gündür bu gündür yolun gözlerim
Sizi yanıltmasın sakın sözlerim
Onsuz farklı değil kıştan yazlarım
Belki de yolları kardı gelmedi

Her mecnuna deli denir işe bak
Gözü boş ver içe akan yaşa bak
Bağrıma bastığım kara taşa bak
Felek bize tuzak kurdu gelmedi

Bülbüller ağlaşır güller ardında
Gözyaşı bırakır yollar ardında
Bir enkaz bıraktı yıllar ardında
Demek akıbeti gördü gelmedi

Gözükara'm geçmez sevmenin çağı
Ateşle bağlanmış gönülün bağı
Her dağa benzemez sevdanın dağı
Beklemek, gelmekten zordu gelmedi

İz Bırakmadı

Elveda demeyi sevmem diyordu
Hoşça kal demeye söz bırakmadı
Hıçkıra hıçkıra el ediyordu
Tebessüm edecek yüz bırakmadı

Gönül dünyam uğrayınca hışıma
Uymadı bir türlü içim dışıma
Kar yağıyor on iki ay başıma
Ömür mevsiminde yaz bırakmadı

Hayatta kimseyi kınaman aman
Dağlara sis çöker havaya duman
Sen de hak verirsin düştüğün zaman
Sancılı yürekte naz bırakmadı

Her şey değişiyor zaman akıyor
Hasret kalanları hasret yakıyor
Geriye dönerek insan bakıyor
Kimler bu ocağa köz bırakmadı

Senli yıllar gelir sevda dendi mi
Meyve daldan yağmur gökten indi mi
Teselli ederim kendi kendimi
Yelde savrulacak toz bırakmadı

Gamım, kasavetim, derdim çoğaldı
Garip *Gözükara* kimsesiz kaldı
Üstünde gezeni altına aldı
Yedi kara toprak iz bırakmadı

Bulunur

Elbistan'dan kalkan söz kervanında
Gönülden verilen selam bulunur
Şairin, ozanın er meydanında
Kadirli, kıymetli kelam bulunur

Birlikte anılır ili ilçesi
Sözü canlandırır şair nefesi
Nesire benzemez şiirin sesi
Harfler arasında anlam bulunur

Bahara bağlarsan martı mayısı
Dörtten beşe çıkar mevsim sayısı
Yüzüğe kaş olur taşın iyisi
Verilen şekilde meram bulunur

Aşkta ölüm gibi bakmaz yaşına
Çıkar beklenmedik anda karşına
Yakıp yandırmadı Aslı boşuna
Tutuşup kül olan Kerem bulunur

Güfteye bağlıdır yapılan beste
Gönlün inlemesi teldeki seste
Arzular alt alta hüzün üst üste
Beni iflah etmez yaram bulunur

Gözükara'm solar çiçekler güzde
Eski sevdalar yok bu günümüzde
Kabir kapısı var tam önümüzde
Salih amel denen çıram bulunur

İçinde

Gün eksilip yıl dönüyor
İnsan da bunun içinde
Dıştan esvap görünüyor
Üryan da bunun içinde

Yürüyoruz adım adım
Değişiyor ağız tadım
Aradığım bulamadım
Meydan da bunun içinde

Dilim döndü hitap ettim
Yazdım çizdim kitap ettim
Yaptığımı hesap ettim
Mizan da bunun içinde

Azdan çoktan yakınırım
Ben demekten sakınırım
Dört köşeye bakınırım
Her yan da bunun içinde

İpek gizli yeşil dutta
Sevinç gizlenir umutta
Kaç mana var bir sükûtta
Ezan da bunun içinde

Taraftarı çok galibin
Nur mudur nar mı talibin
Gözükara'm çarpar kalbin
İman da bunun içinde

Dönsün Sevdiğim

Hüzün kuş misali kondu dalıma
Sanma sen gelmeden iner sevdiğim
Ağustosta kar yağıyor yoluma
Kader hasretinle sınar sevdiğim

Kısmet midir talih midir kader mi
Kendi eden kendim eyledim der mi
Ateş olmayınca duman tüter mi
Yanan kül olunca söner sevdiğim

Gelirim demiştin sene başında
O gün doğan çocuk otuz yaşında
Değirmen çevrilir gözüm yaşında
Taş taşı yiyerek döner sevdiğim

Eriyen zaman da geçen ömründür
Senle her bir günüm toydur düğündür
Saat bu saattir gün de bu gündür
Ne ağrım ne sızım diner sevdiğim

Kader karşısında boynum büküldü
Ömür duvarımdan kerpiç söküldü
Sakalım aklaştı saçım döküldü
Yıllar üst üstüne biner sevdiğim

Nerdesin

Kar suyu karışmış dere misali
Yatağımdan taşıyorum nerdesin
Nasıl tarif etsem, nasıl bu hâli
Anlatırken şaşıyorum nerdesin

Düşülmezmiş her güzelin peşine
Akıl yetiremem gönül işine
Ağustosta zemherinin işi ne
Gece gündüz üşüyorum nerdesin

Elma yanakların sırma saçların
Kaşına değiyor kirpik uçların
Beni benden aldı gözde yaşların
Sana doğru koşuyorum nerdesin

Ufuk çizgisinde kaldı gözlerim
Yolar tozlu kayboluyor izlerim
Artık taşımıyor beni dizlerim
El-ayaktan düşüyorum nerdesin

Ben geçmedim zaman geçti aradan
Tekrar ediyorum tekrar buradan
Vefasızlık olmaz *Gözükara*'dan
Senle sensiz yaşıyorum nerdesin

Gönül Şehrinin

Gönül dedikleri sevda şehrinin
Girmeden bilinmez neresi vardır
Taştan taşa düşüp akan nehrinin
Ummana karışıp eresi vardır

Rakama sayıya yer yok hesapta
Darası düşülmüş her bir hitapta
Madde medde sıralanmış kitapta
Gelenek görenek töresi vardır

Aklı çıkar imiş aşka düşenin
Başına tozarmış külü deşenin
Açan lale sümbül gül menekşenin
Yâre sunulacak sırası vardır

Gözünde kururken akan gözyaşı
Bir türlü son bulmaz sevda savaşı
Çıplak elleriyle taşır ataşı
Her közün ayrı bir yarası vardır

Nereden geliyor nere gidiyor
Çoban kurdu, kurt sürüyü güdüyor
O unutsa bile unutmam diyor
Yüz yaşasa dâhi sarası vardır

Gözükara'm bakmaz dünya varına
Taşıyor umudu dünden yarına
Bakınca anlarsın yaptıklarına
Kerem'den devrolan mirası vardır

Cevap Soru İçinde

Sevdiğimi bile bile sorarsın
Sorunun içinde söz söze bağlı
Her nereye baksam orda sen varsın
Aklım fikrim gönlüm bir ize bağlı

Elma şeftaliyle kurmuş oyunu
Sana biriktirmiş üzüm suyunu
Senden ödünç almış fidan boyunu
Yanak kaysı, dudak kiraza bağlı

Ceht etmekle erilmiyor murada
Ne iy'olur ne emlenir yarada
Nasip, kısmet diyeceksin burada
Kaderin kelamı yazana bağlı

Üç de alacak yok beş de verecek
Var mı sana karşı hesap görecek
Canan var ki candan vazgeçirecek
Felekler ahenkli düzene bağlı

Sevmek bir saadet, sevilmek nimet
Toprağa sağılır yağmurla rahmet
Cevabını sen ver lütfen bir zahmet
Muhabbet dışında öze ne bağlı

Hâl ehlidir hâl diliyle konuşan
Her fırsatta sevdiğiyle buluşan
Pervane misali ateşe koşan
Başta duman içte bir köze bağlı

Gözükara'm ömür gelip geçmekte
Vakti gelen asıl yurda göçmekte
Kardelenler kar içinde açmakta
Bağın akıbeti hazana bağlı

Davacıyım

Ömrümdeki onsuz geçen her günün
Aylarından davacıyım hâkim bey
O yoksa kurulan her bir düğünün
Toylarından davacıyım hâkim bey

Suçu varsa söyle gönül verenin
Ölçüsü, sınırı yok mu sürenin
Onu benden alıp giden trenin
Raylarından davacıyım hâkim bey

Ayak ile uyuşmayan başların
Oktan kirpiklerin yaydan kaşların
Mansur'un beynini yiyen kuşların
Tüylerinden davacıyım hâkim bey

Bekçisi bülbüldür tomurcuk gülün
Dudağa değdikçe ballanır dilin
Âşığını kan ağlatan güzelin
Huylarından davacıyım hâkim bey

Canandır sahibi gönül evinin
Bir selam gönderse kırk gün sevinin
Sevdiğimden daha uzun selvinin
Boylarından davacıyım hâkim bey

Gözükara'm dünya denen rüyanın
Düştü pençesine kaldı hülyanın
Mecnun'unu çöle salan Leyla'nın
Soylarından davacıyım hâkim bey

Sendedir

Hasretinden hasta oldum yatarım
Evvel Allah sonra derman sendedir
Çar ü naçar kaldım yoktur tutarım
Canımın can suyu canan sendedir

Nerden bileceksin ben neler çektim
Dinlemedin beni tam diyecektim
Daha fazla heba olmasın vaktim
Süre dedikleri zaman sendedir

El âlem duyarsa düşürür dile
İflahımı kesti çektiğim çile
Kışın karı güzün yağmuru ile
İçerime çöken duman sendedir

Balçığa üflenen ruh denen haksın
İnanmayan Kalubela'ya baksın
Damlanın içinde gizli ırmaksın
İnci mercan yüklü kervan sendedir

Ben sana koştukça açılır aram
Gelsen kapanacak kanayan yaram
Uğruna adanmış can *Gözükara*'m
Başı kınalanmış kurban sendedir

Sensin Sen

Dudağımda dua umut içimde
Beklediğim kimdir biliyor musun?
Âminin içine açık biçimde
Eklediğim kimdir biliyor musun?

Çekirdek içinde gizler gerçeği
Sensiz düşleyemem ben geleceği
İçime çekerken açan çiçeği
Kokladığım kimdir biliyor musun?

Gönlümden kaynayıp gelirken dile
Sana dönüşüyor söz bile bile
Gözyaşımla yıkadığım mendile
Sakladığım kimdir biliyor musun?

Hece dudağımda cümle dilimde
Bütün parçalanır her bir bölümde
Bir nefes alışta bin kez gönlümde
Yokladığım kimdir biliyor musun?

Gözükara yaralarım derinde
Sılayı kaybettim gurbet yerinde
Çile kervanına beraberinde
Yüklediğim kimdir biliyor musun?

Dağ Duman Olur

Yaralı gönülde inleyen ahım
Kurtulsa dudaktan dağ duman olur
Medet eyle bize yüce Allah'ım
Sade bir parmaktan dağ duman olur

İç yangınım suya döner gözümde
İç içe sırlanmış mana sözümde
Nar ağacı taşıyorum özümde
Kopsa bir yapraktan dağ duman olur

Ateşle kurulu sevdanın yayı
Suda seyredersin gökteki ayı
Balçıktan halk etti Âdem Havva'yı
Savrulsa topraktan dağ duman olur

Sürülmez dünyada dem ile devran
Meşakkat arttıkça, azalır imkân
Hicrandan durursa yüküyle kervan
Durduğu duraktan dağ duman olur

Sevdim sevdiğime olmaz garazım
Kudret kalemiyle yazılı yazım
Gözükara'm maşuk duysun niyazım
Gelse emir Haktan dağ duman olur

Dikkatli Bak

"Deli cüsün cüsün, yer damar damar"
Akilin deliye hürmetine bak
Çalının çiçeği çamın balı var
Allah'ın şu sonsuz hikmetine bak

Kurtlar uluşurken koyunlar meler
Arzuya tercüman tüm kelimeler
Elsiz ayaksızdır gece gölgeler
Düşülen korkunun hayretine bak

Hikmetinden sual olmaz Mevla'nın
Tadını verir mi gurbet sılanın
İşveli cilveli nazlı Leyla'nın
Mecnun'a verdiği zahmetine bak

Çiçek meyve olur dalın üstünde
Sinek barınamaz balın üstünde
Toprağın hakkı var kulun üstünde
Vatanım dediği devletine bak

Gözlerde yaş olur yürekte acı
İnsanın insana var ihtiyacı
Mutluluk meyveli sevgi ağacı
Sahip olanların servetine bak

İhanetle kopar sevginin bağı
Her dağdan yüksektir sevdanın dağı
Yurt tutar bülbüller baharda bağı
Gonca açılırken gayretine bak

İnsan ki sütünün hükmünü işler
Çok zaman yarıda kesilir düşler
Eğilir eğilmez sanılan başlar
Tebbet suresinin ayetine bak

Hangi Ara Yazdım Öyle mi?

Kelimeler duygulara yetmiyor
Hasretinden içim yandıkça yazdım
Gönlümdeki medcezirler bitmiyor
Fırtına tipiye döndükçe yazdım

Bir of kurtuluyor aklım çıkarken
Aşk seveni kül ediyor yakarken
Güneş vurup kar eriyip akarken
Avuç avuç içip kandıkça yazdım

Esip durur kavak yeli başımda
Gönlüme uymuyor beden yaşım da
Dönüp durur siluetin karşımda
Hayalini gerçek sandıkça yazdım

Küllenmeyen kor kalınca ardında
Yangın eksik olmaz gönül yurdunda
Sarmadı mı dedim beni sardın da
Dilime dolanıp andıkça yazdım

Ay gün derken yıllar geçti aradan
Kan sızıyor ılık ılık yaradan
Söyle ne istedin *Gözükara*'dan
Temmuz ortasında dondukça yazdım

Ben Derdime Ağlarım

Dert bohçamı tek tek açar ağlarım
Bir türlü ağarmaz gün var içinde
Gözyaşıyla uç ucuna bağlarım
Hasret ile geçen dün var içinde

Ağlayarak geldik dünya yurduna
Teslim olduk zaman denen kurduna
Karşı koyamazsın kader şartına
Sevip sarmadığım sen var içinde

Aklım sende gözüm yollarda kaldı
Sanma ki yapraklar dallarda kaldı
Emeğim zay'olan yıllarda kaldı
Canımı sıktığım can var içinde

Devir döndü zaman geçti üstünden
Bu günkü dertlerim devroldu dünden
Görmediğin fazla bu gördüğünden
Seksen doksan ne ki bin var içinde

Meyvenin içinde meyvenin tadı
Kuşlara yük olmaz kendi kanadı
Gözükara'm hesap etti hayatı
Akıbet denilen son var içinde

Gönülden Yansımalar

Bu dünyada dengi dengin bulursa
Yılın her mevsimi bahar gönülde
Sevilen severse seven alırsa
Bal-kaymak ırmağı akar gönülde

Seven sevdiğinin gider peşine
Talip olan bakmaz üçe beşine
Kuş misali kur yaparken eşine
Gül-i rana gibi kokar gönülde

Varsın Mecnun olan çöllerde gezsin
Ferhat külünk ile taşları ezsin
Bir kez bağlandın mı vazgeçemezsin
Hasret yılan olur sokar gönülde

Yıkamakla çıkmaz kader karası
Bir şeye benzemez aşkın yarası
Aralansa bir tül gibi arası
Sönmeyen yangınlar çıkar gönülde

Gözükara'm kader denen baht kara
Hâli arz etmeye fırsat yok yâra
Baka baka yorulurum yollara
Dört mevsim kalkmayan kar var gönülde

Mektubun Aldım

Hüzün kokan, hasret kokan mektubun
Yazarken döktüğün yaş ile geldi
Selam edip hâl hatırlar sorduğun
Satırlar çatılı kaş ile geldi

Ömür dedikleri hayat bilmece
Cümleler yaralı, hüzünlü hece
Fırtına mı vardı yazdığın gece
Yüreğin üşüten kış ile geldi

Hatırına her geleni yazmışsın
Derkenara turna resmi çizmişsin
Kimisini fazla dalıp bozmuşsun
Kanadı yaralı kuş ile geldi

Kışa döndük sen giderken bahardı
Verdiğin sözlerin gelmedi ardı
Yaşamaya değer hayaller vardı
Benimle kurduğun düş ile geldi

Yanan *Gözükara*'m sanma ocaktır
Hisler ter ü taze duygu sıcaktır
Yüreğimde hasret kucak kucaktır
Diyerek vurduğun taş ile geldi

Aşk Yarası

Ben de sevda nedir bilir tanırdım
Sızlardı yüreğim yeri geldikçe
Bütün suç Aslı'da kalır sanırdım
İçtiğim yangının koru geldikçe

Felek her kahrını bende deniyor
Bende mağlup olup bende yeniyor
İçimde bir yangın alevleniyor
Sevdadan bahseden biri geldikçe

Ömrümü vakfettim sevdiğim diye
Başımda ak saçlar ondan hediye
Gözyaşım akıyor baksam geriye
Mecbur dönüyorum soru geldikçe

O günden kalmadır yazın üşüme
Nefesim daralır çöker döşüme
Ben unutsam o giriyor düşüme
Nabzım hızlanıyor geri geldikçe

Ömür mevsiminde bahar kalmadı
Attığım ok hedefini bulmadı
Dağlar kalleş çıktı yollar salmadı
Fırtına savurdu karı geldikçe

Kalp Çarpıntısı

O nasıl göz süzme nasıl bakıştı
Gözlerine düştüm baktığın zaman
Gönlüm dalgalandı aklım karıştı
Aniden karşıma çıktığın zaman

İn misin cin misin huri melek mi
Can alan cellat mı yoksa bebek mi
Aslı kimmiş Leyla kimmiş demek mi
Gözünü hafifçe kırptığın zaman

Yıldızlar kayıyor gözün içinde
Ateş savruluyor izin içinde
Kaldım Kerem gibi közün içinde
Zülfünün teliyle yaktığın zaman

Kaşın yay, kirpik ok, dişlerin inci
Dönüp dönüp baktı yaşlısı genci
Sarhoş olup kayb eyledim bilinci
Gönlüme sağılıp aktığın zaman

Kınalı elleri kalem parmakta
Gözükara geç kalmıştı sormakta
Küreksiz sandala döndü ırmakta
Gözünün yaşını döktüğün zaman

Hasret Bitsin Diye Çaldım Kapını*

Hasret bitsin diye çaldım kapını
Gireyim diyorum girme diyorsun
Gönül şehrindeki narin yapını
Göreyim diyorum görme diyorsun

Gökten yere inmez sevdanın atı
Âşığın kararı demirden katı
Mutluluğa ayarladım saatı
Kurayım diyorum kurma diyorsun

Derdi olan dertli gözyaşı döker
Hasreti olanlar hasretlik çeker
Senden ayrı kalmak boynumu büker
Durayım diyorum durma diyorsun

Her mecnun yolu çöle düşer mi?
Bülbül olmayanlar güle düşer mi?
Sırrı sadıklarda dile düşer mi?
Sorayım diyorum sorma diyorsun

Kader sarpa düşürünce yolumu
Gözükara'm bağladılar kolumu
Gözyaşıyla yetirdiğim gülümü
Dereyim diyorum derme diyorsun

**Ses sanatçısı Salih Turhan tarafında notaya alındı.*

Yaz Bir Kenara

Suda seyrederken gökteki ayı
Yakın hissedermiş insan sevdiğim
Yamanmış sevdanın kurulu yayı
Kirişe dikkat et aman sevdiğim

Bereketi sudan gelir toprağın
Kar imiş heybeti başında dağın
Meyve yetiremez dalın yaprağın
Vakitsiz uğrarsa hazan sevdiğim

Sel gidince gerisinde taş kalır
Avcı vursa kuş yuvası boş kalır
Gurbet ele düşen nasıl hoş kalır
Çekmez çektiğini kervan sevdiğim

Gözler bulutlanır kirpik nemlenir
Aşkın ocağında gönül demlenir
Kırıklar sarılır yara emlenir
Yara içte ise yaman sevdiğim

Sebepsiz kopmadı Nuh'un tufanı
Her dem geçilmezmiş aşkın ummanı
Gözükara'm saklar canana canı
Uğruna adanmış kurban sevdiğim

Ne Günahı Var

Aşk denilen yanan ocak içine
Düştü isen hârın ne günahı var
Aşamazsan mor dağların suçu ne
Üstündeki karın ne günahı var

Âşıkların yüzü gülmez dünyada
Akıl devre dışı kalır sevdada
Sen göz göre göre düştün feryada
Söyle ahu zârın ne günahı var

Kapandı Köroğlu Ayvaz dönemi
Ferhat dağı deldi hasret sinemi
Yazıcıoğlu arar Telli Senem'i
Ahde sadık yârin ne günahı var

Oldu-bitti böyle sert geçer kışım
Kar boran fırtına hep içim dışım
Cananıma canı bağışlamışım
Götürüp siz verin ne günahı var

Yaralarım ılık ılık kanıyor
Leylileşen Leyla'sını tanıyor
Gözükara'm içten içe yanıyor
Yanmak için sorun ne günahı var

Bugünkü Enkaz

Bahtın deryasında aşkın gemisi
Battığı o yıldan kaldı bu enkaz
Gönlümün göğünü hasretin sisi
Tuttuğu o yıldan kaldı bu enkaz

Her bir yolu ona doğru vardırıp
İçi ateş başı duman sardırıp
Gece sızı ile hep uyandırıp
Uyuttuğu yıldan kaldı bu enkaz

Baktığında kaybolurken gözüne
Esrar dağıtırdı gamze yüzüne
Bu şaşkın âşığın onun dizine
Yattığı o yıldan kaldı bu enkaz

Dalında hasretten çatlayan narın
Rengine bürünür dumansız nârın
Bizimle gözyaşı mor bulutların
Döktüğü o yıldan kaldı bu enkaz

Duygum ağır bastı aklım yetince
Gül aldım gül saldım muhabbetince
Aşkın iğnesinde iplik bitince
Söktüğü o yıldan kaldı bu enkaz

Gözükara'm göz gezdirdi pazara
Koç yiğitler esir düşmüş nazara
Bir güzelin civan iken mezara
Kapattığı yıldan kaldı bu enkaz

Karşı

Bir türlü gülmedi kör talih bize
Söylenen şarkılar hicrana karşı
Dert ile alıştık birbirimize
Kol kola yürürüz zamana karşı

Gün dolap beygiri, ermez yarına
Dağlar teslim olur kışın karına
Beni bekliyormuş rüyalarına
Adadım canımı canana karşı

Hıçkırık tam tekmil, tebessüm yarım
Damlaya hapsolmuş zerre kadarım
Yağmurda, doluda, karda ben varım
Yağıp gidiyorum ummana karşı

Adım adım yaklaşırım menzile
Artıp eksilmiyor çektiğim çile
Gözükara'm ecel meleği bile
Karşı koyamazmış tufana karşı

Gidiyor

İnsan bir coşkulu ırmak misâli
Düşüp taştan taşa akıp gidiyor
Herkes kabullenmiş mevcut bu hâli
Dünya bir pencere bakıp gidiyor

Her seven tanımaz ahd ü peymanı
Sevmeyen ne bilsin ahd ü amanı
Aşk insanı kibrit, koca ormanı
Bir uçtan bir uca yakıp gidiyor

Kara yerin obur karnı doymuyor
Gözleri kör kulakları duymuyor
Saati geleni felek koymuyor
Göçünü yükleyen yıkıp gidiyor

Gâhî üşüyerek gâhî yanarak
Gâhî susayarak gâhî kanarak
Gözükara'm gibi sala konarak
Geldiği dünyadan çıkıp gidiyor

Kaybolan Yıllar

Aklında mı o ilk görüştüğümüz
O günden bugüne söyle ne kaldı
Mutlu-mesut olup gülüştüğümüz
O günden bugüne söyle ne kaldı

Çok acele etme biraz düşün de
Sen sınıfta kaldın sevme işinde
Çiçekler açardı hep gülüşünde
O günden bugüne söyle ne kaldı

Yıllar öncesinden çıkarak gelsen
Gönlüm gönenirdi gözünle gülsen
Sevip ayrılması ne zormuş bilsen
O günden bugüne söyle ne kaldı

Gözükara yana yana dönersin
Zannetme ki kül olmadan sönersin
Ölüm döşeğinde bana ne dersin
O günden bugüne söyle ne kaldı

Netice İtibariyle

Yanisiz, fakatsız, amasız sevdim
Usulden yürüdüm, esasa geldim
Heva ve hevesi içe hapsettim
Kitap, sünnet, icma, kıyasa geldim

"Sevildikçe bilinen"e âşığım
"Bilindikçe sevilen"dir maşukum
Gül ağacı işlemeli beşiğim
İstikamet mecbur bir sese geldim

Dar kapıdan geniş meydana geçtim
Ben beniâdemdim insana geçtim
İki han arası seyrana geçtim
Kutnu kumaş, ipek, atlasa geldim

Muhatabı bendim her bir hitabın
Müjdesi banaydı kutlu kitabın
Herkes kendi verir kendi hesabın
Hakk da hakikatte kısasa geldim

Kurda, kuşa yurttur heybetli dağlar
Irmaklar bir deli tay gibi çağlar
Yemyeşil giyinir baharda bağlar
Gül ile bülbülle temasa geldim

Nedeni, nasılı arkaya atıp
Ömrümün gün günü hesabın tutup
Yükte ağırları tek tek dağıtıp
Dikişsiz yakasız libasa geldim

İki nokta arasında yaşadım
Bedenim balçıktır, Âdem'dir adım
Gözükara kul olmaktır muradım
Cürmümü, rahmetle takasa geldim

Sen Yoksan

Ezgi sensin, türkü sensin, şarkı sen
Sen yoksan bestenin ne kıymeti var
Bahçelerin birbirinden farkı sen
Sensiz gülistanın ne kıymeti var

Bela, derd-i gamın hoş gelir bana
Bir Kerem misali düştüm sevdana
Yanan yüreğimi getirdim sana
Hikâye, destanın ne kıymeti var

İçerim eriyor sevdiğim derken
Sen mi çok geç kaldın ben mi çok erken
Benim aklım gitti seni beklerken
Hekimin, hastanın ne kıymeti var

Ayrılık yüzünden çarnaçar kalmam
El gündüz uyumaz ben gece dalmam
İnan Elbistan'ı verseler almam
Sensiz Elbistan'ın ne kıymeti var

Gözükara'm hasım bildi hasmını
Tespih yapıp ipe dizdi ismini
Zarfa koyup gönder bana resmini
Sen yoksan postanın ne kıymeti var

Hülasa

Kar suyu misali karışıp çaya
Düşer taştan taşa akar giderim
Kirpik dar'a benzer, yüz dolunaya
Sevdiğim cemale bakar giderim

Kaderde yazılan gelirmiş başa
Her şey varıp denmez bacı-gardaşa
Canan için öz canımı ataşa
Dahi neyim varsa yakar giderim

Her dile geleni söylerken eller
Ölüm ile ayrılığı bir beller
Güneşe dönermiş açılan güller
Hasretim burnuma kokar giderim

Kaç Kerem kaç Aslı muradın aldı?
Geçmiş hikâyeler geçmişte kaldı
Farz et ki bir güzel gönlümü çaldı
Ya alır yahut da bekâr giderim

Meyl indirmez inci, mercan ziynete
Benlik bulaştırmam iyi niyete
Sevdiğime inanarak ahrete
Beden kafesini yıkar giderim

Âşıklar düşürür aşkı tellere
Gövel ördek kanat vurur göllere
Gözükara'm yalın ayak yollara
Baş kambak da olsa çıkar giderim

Veda Ediyor

Yine sonbahara devrildi mevsim
Yapraklar dallara veda ediyor
Dört yandan sarıyla çevrildi mevsim
Yeşiller allara veda ediyor

Deva olur her bir çiçek bir derde
Dilinden anlayan lokmanı nerde
Gözyaşı var barut olduğu yerde
Turnalar göllere veda ediyor

Neler alıp gider giden her sene
Aynalara düşen sırrı görsene
Karlar kapatmadan izin sürsene
Yolcular yollara veda ediyor.

Sürmeli gözlerden sırmalı saçtan
Fayda yok kirpikten fayda yok kaştan
En son konulduğun tabut ağaçtan
Sardığın kollara veda ediyor

Gözükara'm almış alacağını
Kim der ki nihai kalacağını
Tolu vurur gazal eder bağını
Bülbüller güllere veda ediyor

Sen de Anlarsın

Ya Yunus olsaydın ya Lokman hekim
Nergisin dilinden sen de anlardın
Bağ bozum ayıdır eylülle ekim
Mihrican yelinden sen de anlardın

Çiçek ülkesinin çiçekçe dili
Çiçeğin çiçekten olur vekili
Çiçek toprağına sevgi ekili
Koklasan gülünden sen de anlardın

Her nebatın ayrı ayrı ismi var
Gök kubbede yer kaplayan cismi var
Sevgilide sevgilinin resmi var
Sevseydin dilinden sen de anlardın

Kirazda meyvedir, sümbülde koku
Her biri bir kitap en baştan oku
Allah tarafından uğramaz korku
Görünce hâlinden sen de anlardın

Yeşili var sarısı var alı var
Gövdesi var yaprağı var dalı var
Papatyanın kendine has falı var
Baksaydın falından sen de anlardın

Laleler ne diyor harelenirken
Ceylan ne hisseder suya inerken
Keklik koyaklara uçup dönerken
Barutla gelenden sen de anlardın

Ayvanın çiçeği yazın nişanı
Gülünü beklemek bülbülün şanı
Her çiçeğin vardır bir dolaşanı
Reyhalı balından sen de anlardın

Gönülün teridir gülün kokusu
Âşık gözyaşıdır çiğ denilen su
Yaprağı sarartır hasret korkusu
Kuruyan dalından sen de anlardın

Sarmaşığın sarıldığı bedene
Aşkı muhabbeti bağla nedene
Gül-i ranayı sor sevda güdene
Korundan, külünden sen de anlardın

Kendi lisanınca konuşuyorlar
Toprağın üstünde buluşuyorlar
Gözükara gibi alışıyorlar
Yanarak ölenden sen de anlardın

Türkülerimiz

Türküler Türk'ü söyler
Türk olan türkü söyler
Türk'üm diyen her bir Türk
Türkü de Türk'ü söyler

Derman arar iken derde gark olan
Bin bir zahmet kokar türkülerimiz
Gamlı yaslı bir gönüle terk olan
Gâh da mühlet kokar türkülerimiz

Gönül dağı yağmur olur, kar olur
Kaşı kemanların, zülfü dar olur
Sevip alamazsa ona ar olur
Çaba, gayret kokar türkülerimiz

Dert çekmeyen derdi tarif edemez
Yol bilmeyen kılavuzsuz gidemez
Türkü bilmeyenler koyun güdemez
Yaylada süt kokar türkülerimiz

Çeyiz olur bavullarda basılı
Martin olur omuzlarda asılı
Her bir türkü, bir hikâye hâsılı
Hicran, hasret kokar türkülerimiz

Ciğerleri göz göz edip kanatır
En keskin acıyı türkü anlatır
Bizim hafızamız hep satır satır
Ebet-müddet kokar türkülerimiz

Türkü dediğimiz esrarlı sözler
Hasreti olanlar hasretin gözler
Türküyü Türk'e has biliriz bizler
İrfan, izzet kokar türkülerimiz

Yankılanıp ehli dilde süslenir
Gözükara'm türkü ile seslenir
Gönül ehli kulağından beslenir
Son söz nimet kokar türkülerimiz

Üşüyorum

Tek mevsimlik bir hayatın içinde
Yüreğim yanıyor elim üşüyor
Cevap kayboluyor neden niçinde
Dudağım yanıyor dilim üşüyor

Her yeni gün ter ü taze umuttu
Esen poyraz bahçe bağı kuruttu
Bülbül gülü, gül bülbülü unuttu
Bülbülüm yanıyor gülüm üşüyor

Donanarak el içine çıkmadım
Kim demiş ki imrenerek bakmadım
Yolum yokuşlandı yüküm yıkmadım
Menzilim yanıyor yolum üşüyor

Ne fırsatım oldu ne çabam yetti
Günler birbirini yedi tüketti
Yaz-baharı kimler nasıl hak etti
Irmağım yanıyor selim üşüyor

Kimi yeşil giydi kimisi sarı
Kimi de kuşandı ah ile zarı
Çiçeksiz çimensiz ne yapar arı
Kovanım yanıyor balım üşüyor

Gözden yaş indirip çaglıyor musun
Gündüz gülüp gece ağlıyor musun
Ne dediğimi tam anlıyor musun
Yaprağım yanıyor dalım üşüyor

Gözükara'm fırsat buldu yazıyor
Hayat ağır aksak yollar uzuyor
Dikkat et oyunu kader bozuyor
Sağ yanım yanıyor solum üşüyor

Ağladım

Çifte ateş düştü bizim obaya
Kader karşısında sustum ağladım
Kimler köprü kurmuş Kızılırmak'a
Güç yetmez feleğe küstüm ağladım

İki bin yirmi üç aylardan Nisan
Bir varmış bir yokmuş aslında insan
Sessizlik istersin sen de uyusan
Bu yüzden sesimi kıstım ağladım

Sebep olan muradına yetmesin
Ocakları sönsün, baca tütmesin
İki eli ağızına gitmesin
Ah edip figana düştüm ağladım

Kan mı yaş mı aktı gözümün suyu
Kirpiğim unuttu o gün uykuyu
Görmeyen bilemez acı duyguyu
Resmini duvara astım ağladım

Ağlamak ne yapsın çaresiz derde
Sevip ayrılmak da vardır kaderde
Ne yapsam ne etsem boşa gider de
Mendili gözüme bastım ağladım

Allah daraltmasın hiçbir kulunu
Felek ortasından kırar kolunu
Kayseri mevkinde şaşmış yolunu
Kopan fırtınayla estim ağladım

Eksik olmaz yüce dağın dumanı
Kader tanımazmış ahd-u amanı
Çifte bacım gitti bahar zamanı
Al yeşil kefeni biçtim ağladım

Al yeşilim döndü o gün karaya
Doktor el sürmedi kırık yaraya
Çifte çığ devrildi *Gözükara*'ya
Allah şaşırtmasın, şaştım ağladım

Hoşça Kalın (Ağıt) *

Al yeşilim erken soldu
İşte çektim gidiyorum
Gözyaşıyla çilem doldu
Sabır ektim gidiyorum

Ekin ektim gövermedi
Bulutlar rahmet vermedi
Uykuda gözüm görmedi
Kara bahtım gidiyorum

Tamam etmeden işimi
Gördüm ben benim düşümü
Kurşun parçalar döşümü
Yüküm yıktım gidiyorum

Suyumuz baştan bulandı
Ahımız göğe dayandı
Ekinim tarlada yandı
Bundan bıktım gidiyorum

Gündüzünden gecesinden
Ay doğmadı yücesinden
Kurtularak kocasından
Yola çıktım gidiyorum

Kuşanarak kuşağını
Saymış koymuş fişeğini
Kanlı yorgan-döşeğini
Koydum göçtüm gidiyorum

Gözyaşıyla başladığım
Yastığımı ısladığım
Boş vererek boşladığım
Candan geçtim gidiyorum

Çocukları aldım yattım
Feleğin sillesin tattım
Uğursuz birine çattım
Kana battım gidiyorum

Ağarmadı kara bahtım
Yerine gelmedi ahtım
Dikiş tutmuyordu baktım
Kefen biçtim gidiyorum

Yetmedi iyi niyetim
Derdimi anama dedim
İki kuzum kaldı yetim
Size attım gidiyorum

Kim ağlayıp kim gülüyor
Kim'öldürüp kim'ölüyor
Koyun kuzuya meliyor
Sala yattım gidiyorum

Alacalı karlı dağlar
Kurt-kuş benim için ağlar
Tufana uğradı bağlar
Yaprak döktüm gidiyorum

Ne kız oldum ne de gelin
Bir tek gün görmedim bilin
Doğrulur mu böyle belin
Selle aktım gidiyorum

Maraş Elbistan arası
Yanmadı bahtın çırası
Kapanmaz kurşun yarası
Size yüktüm gidiyorum

Kanım dışarı akıyor
Teyzemler ağıt yakıyor
Cennet burnuma tütüyor
Dönmem kalktım gidiyorum

Düzelmez çitim siyecim
Dertle dolu benim içim
Asıl yurtta kalmak için
Bendim söktüm gidiyorum

Kabrim derin kazılıyor
İsmim taşa yazılıyor
Kuzularım sızılıyor
Ağıt yaktım gidiyorum

Gözükara'm ağlıyorum
Yüreğimi dağlıyorum
Sözü burda bağlıyorum
Boyun büktüm gidiyorum

** 5 Nisan 2023'te trafik kazasında kaybettiğimiz Ünsel bacımın kızı, 17 Nisan 2024'te sabah saat beşte kan uykudayken, cinnet geçiren kocası tarafından vurularak öldürülen bahtsız yeğenim Emine'nin ağzıyla kaleme aldığım ağıt.*

Gidiyorum

Gönlümde gam gözümde yaş
Döke döke gidiyorum
Ova duman dağlarda kış
Baka baka gidiyorum

Gülüm yok ki gülün derem
Gün ağarmaz günü görem
Sevda çektim oldum verem
Çeke çeke gidiyorum

Ayağına batan taşlar
Canın acıtmaya başlar
Yokuşta kervan yavaşlar
Çıka çıka gidiyorum

Hasret eritir demiri
Ateş kül eder kömürü
Her gün bir kerpiç ömürü
Söke söke gidiyorum

Temmuz üşütse bedenin
Kalır mı güne güvenin
Yüreği tandır sevenin
Yaka yaka gidiyorum

Felek getirdi oyuna
Ağlattı beni boyuna
Karıştırdı kar suyuna
Aka aka gidiyorum

Gözükara'm gel dendi mi?
Tutamam kendi kendimi
Beni bağlayan bendimi
Yıka yıka gidiyorum

Dile Gelmiyor

Kara kader yakamıza yapıştı
Yalvardım yakardım yola gelmiyor
Pulsuz dilekçemiz göğe ulaştı
Hâlimiz ayandır dile gelmiyor

Ekin ektim fidan diktim yetmedi
Ocak kurdum ateş yaktım tütmedi
Gurbet ele giden boşa gitmedi
Gam-gasevet çekmek kula gelmiyor

Süpürge eylerken kara saçımı
Kaybeyledim önde giden maçımı
Demediler oldubitti suçumu
Yere düşen meyve dala gelmiyor

Ezele de deli gönül ezele
Oldubitti nazar değer güzele
Mor sümbüllü bağım döndü gazele
Hazan değdi bülbül güle gelmiyor

Gözükara'm ne söylesin ne desin
Tattım gözyaşının acı meyvesin
Dost olanlar gün görecek demesin
Mürüvvet denilen sala gelmiyor

Baba Evine Ağıt*

Yağmur vurmuş duvarları ıslanmış
Çoktan süyükleri uçmuş bu evin
Anahtar kaybolmuş kilit paslanmış
Rüzgâr kapısını açmış bu evin

Direkler bel vermiş, mertek bükülmüş
Duvarlar çatlamış, sıva dökülmüş
Siyeçler bozulmuş dutlar sökülmüş
Eski tadı tuzu kaçmış bu evin

Gönül güzel bulduğunu severmiş
Yiğit olan her dem yiğit övermiş
Bahçesinde yaban otlar gövermiş
Üzerinden zaman geçmiş bu evin

İnekler, koyunlar, kuzular vardı
Babam yem verirdi anam sağardı
Onlar gider gitmez kesilmiş ardı
Çoban sürüsünü seçmiş bu evin

Çocuksu duygular o evde kaldı
Pancardan yaptığım motor ne oldu
Eskiden olsaydı bulmam kolaydı
Kimler bohçasını saçmış bu evin

Nasıl da bir anda boşalmış yöre
Ören olmuş çardak göz göre göre
Kaybolmuş gelenek kaybolmuş töre
Sanmayın değeri hiçmiş bu evin

Gözükara'm geçen günler gelmiyor
Güller hâr içinde, bülbül gülmüyor
Sahibi ölmeden evler ölmüyor
Sahibi ahrete göçmüş bu evin

* *Ses sanatçısı İsmail Tatar tarafında notaya alındı.*

Yersiz Öpücük*

Allah için bir öpseydim n'olurdu
Zülfün yanağına değdiği yerden
Bu cuma sadakan tamam olurdu
Ayvanın dalını eğdiği yerden

Köz de olur kül de olur ocakta
Hasret kelep kelep katlı kucakta
Ak göğsün terlemiş sarı sıcakta
Boynundan aşağı aktığı yerden

Şavkın suya düşse suları yakar
Gamze arasından sızma bal akar
Sinen burcu burcu nergis, gül kokar
İşte tam o gülün çıktığı yerden

Kimse getiremez geçen zamanı
Sarmadan dağılmaz hasret dumanı
Zerreye hapseder sevgi ummanı
Tek tek gözyaşını döktüğü yerden

Dudakların şeftaliden olgundur
Bu yapılan öpücüklü soygundur
Kaşın gözün birbirine uygundur
Kaşı çatıp yüzü yıktığı yerden

Zekâtı var öşürü var nimetin
Bin bir türlü rahmeti var zahmetin
Bir öpücük hakkı yok mu *Mehmet*'in
Öpem çocuğunu öptüğün yerden

1950'li yıllarda köye gelen dilenci, kapının önünde çamaşır yıkayan ebemden Allah rızası için bir sadaka ister. Ebem de müsait olmadığından ötürü sadaka veremeyeceğini söyler. Dilenci "O vakit hanımım güzelliğinin cuma sadakası olarak, Allah rızası için bir defa öpeyim"der. *Ebem de "Mademki Allah'ın adını andın, bacı kardeş niyetine öp." diyerek öptürür. Bu şiir o günün anısına kaleme alınmıştır.*

Medcezir

Varız, varlığımız nefesle başlar
Alma ile verme arasındayız
"Kün fe yekûn"* diyen o sesle başlar
Kalma ile varma arasındayız

Emrine kâinat verilen benim
Eşref-i mahlûkat görülen benim
Mahkûm edilerek sürülen benim
Dönme ile durma arasındayız

Kâinat-ı kebir fasıl fasıldır
Suret-i nasıldır siret nasıldır
Hikmet nazarıyla bakmak asıldır
Uzlet ile erme arasındayız

Terütaze yenilenir nefesim
Gök kubbe altında taşınır sesim
Benden fazla yaşar çekilen resim
İlden ile sürme arasındayız

Hayret nazarıyla bakar civara
Gök neden mavidir, yer neden kara?
Kaç insan ermiştir bu gizli sırra
Susma ile sorma arasındayız

Katlanmış, çütlenmiş, sırlanmış özüm
Çamda kozalağım, asmada üzüm
Varlık âleminin merkezi gözüm
İdrak ile görme arasındayız

Zaman bir ölçüdür, zaman bir ayna
Hayat bir kristal dikkatli oyna
Kaynarsan, dışarı taşmadan kayna
Motif ile sırma arasındayız

Gözükara'm defterimi yoklarım
Gizli, açık kusurumu saklarım
Gitmek için bilet aldım beklerim
Üç tekbirle girme arasındayız

**kün fe yekûn: " ol der, o da hemen oluverir."*

Aynanın Ardı

Yolum aynaların ardına düştü
Zaman ırmağında akan benmişim
Dudak kıpırdadı, gözler görüştü
Külü korlayarak yakan benmişim

Feleğin attığı çözülmez düğüm
Boşuna değilmiş yanıp tüttüğüm
Kısmet olsun diye dilek tuttuğum
Kahve fallarında çıkan benmişim

Aylar yılları da alıp götürmüş
Ağaran saçları başa getirmiş
Her ağaç kendince meyve yetirmiş
Gazeli dalından döken benmişim

Saatler anbean vakti kemirdi
Akıl katılaştı duygu eridi
Sürünen bebekler kalkıp yürüdü
O gündür, bu gündür çöken benmişim

Yüreğimi parçalayıp böldüğüm
Yavaş yavaş çürüyerek öldüğüm
Gözyaşını kurumadan sildiğim
Dünyanın kahrını çeken benmişim

Bunca zaman gelip geçti aradan
Beni sınıyormuş yüce Yaradan
Geriye ne kalır *Gözükara*'dan
Mezarın taşına bakan benmişim

Taksimat-ı Hakikiye

İmkânlar sınırlı, arzular sonsuz
Sabır bize, şükür beylere düştü
Çimen tedirgindir, filler korkusuz
Filler şehre, çimen köylere düştü

Fark eylersen varlığını dünyada
Denkleşir gerçekle, hayal, rüyada
Hırs ile kirlenen bu coğrafyada
Apak beyazlıklar karlara düştü

Yola yolcu düştü, meyvelere ben
Sen de fark edersin az önemsesen
Bu yılki peteği soruyor isen
Bal ayıya, kovan yerlere düştü

Haktan gayrı olmaz seni duyanın
Oldu bitti çarkı bozuk dünyanın
Kayar ayakları ona uyanın
Tamiri gök ehli erlere düştü

Yıldızlar göktedir, denizler yerde
Tatlıyı, tuzludan ayırır perde
"Yerle-gök arası direksiz" der de
İtimat, itikat pirlere düştü

Vardan başlayarak yoka eğrildi
Sular şaha kalktı, dağlar devrildi
Yere dönük eller göğe çevrildi
Merhamet, vicdanı körlere düştü

Gonca gül başında bülbüller döner
Avın kaldırmaya kartallar iner
Silahlar patlarken, ocaklar söner
Köz yüreğe, hasret yarlara düştü

Ahengi seyrettim yıldızda ayda
Ahu figan gizli sade bir oyda
Ya şehit ya gazi geçilir kayda
Nice babayiğit surlara düştü

Yıldızlar kaymadı sular akmadı
Hiç kimse olana dönüp bakmadı
Gözükara'm hesap tamam çıkmadı
Sayılar aynada sırlara düştü

Ne'yleyim

Hasret, çelik bir yapıdan
Kayım ne'yleyim ne'yleyim
Aşk tılsımlı her açıdan
Düğüm ne'yleyim ne'yleyim

Çözülmez bu, eski düğüm
Hâr içinde kaldı gülüm
Gözlerimden yaş döktüğüm
Sayım ne'yleyim ne'yleyim

Yaşlı gördüm gözlerini
Niçin döven dizlerini
Hicran dolu sözlerini
Duyum ne'yleyim ne'yleyim

Beden değil gönlüm yara
Ulaşmıyor sözüm yâra
Zülfü çekti beni yara
Beyim ne'yleyim ne'yleyim

Gönlüm gamlı, gülmez yüzüm
Ondan gayrı görmez gözüm
Kutnu kumaş olmaz çözüm
Giyim ne'yleyim ne'yleyim

Gözükara'm şair deyim
Nazlım şeker olmuş yeyim
Eldelek'dir benim köyüm
Deyim ne'yleyim ne'yleyim

Son Tahlil

Aşk deyince iç geçirip ah eden
Hayali yıkmıştır kurmadan önce
Erken çöker yükü fazla her beden
Tecrübeyle sabit yormadan önce

Pişmanlık gizlenir söz arasına
Yat-yaban saklanır göz arasına
Hesap-kitap girse naz arasına
Sarmasını bekle sarmadan önce

Karasevda tek taraflı güdülür
Dışa vurmaz için için tütülür
Bu derde düşenler sırrıyla ölür
Göze alan var mı sürmeden önce

Ateş fark edilmez ateş yakmadan
Sular hendeğine dolmaz akmadan
Şeydaya ulaşmaz güller kokmadan
Tarifi imkânsız görmeden önce

Her kim olsa kaptan kaba her konan
"Talihim yok" kuru dala der konan
Gün dönüyor derviş postun ser Konan
Ömür nihayete ermeden önce

Emlesen emlenmez gönül yarası
Sözden ibarettir sözün darası
Gülşen'inde vardır *Gözükara*sı
Kadrini bilseydin dermeden önce

İÇİNDEKİLER